覇王 習近平

メディア支配・個人崇拝の命運

NHK元中国総局長
加藤青延
Katoh Harunobu

展望社

はじめに

毛沢東のような絶対的な指導者をめざすかのように着々と権力を掌握してきた習近平国家主席の立場がここにきてにわかに揺らぎ始めている。中国の政局は、今後２０１７年秋の19回党大会に向けて、水面下の権力闘争が激化し、波乱含みの展開が予想されるのだ。

習近平主席が就任以来、自らの権力を強化するために推し進めてきた政策は主に三つある。一つは党の中に様々な分野の政策を統括する新組織を作るなど、これまでの組織を再改造し、自分が全ての頂点に立つことで、習近平主席一人の手にあらゆる権力が集中する体制を作り上げたこと。二つ目は、「虎（高級幹部）もハエ（下級官僚）もたたく」をスローガンに猛烈な勢いで進められてきた反腐敗キャンペーン。そして三つ目が、言論弾圧ともいえる、報道機関やインターネットに対する締め付けを強化し情報を統制することで支配権を握ろうとしてきた動きだ。

このうち二つ目の反腐敗キャンペーンでは、この3年間、毎年連続して5万人以上の摘発を行い、党幹部や役人の汚職に強い不満を抱いてきた庶民の喝采を浴びてきた。摘発は、主に既得権益を手にしていた江沢民派の指導者や関係者が標的になったが、引退した指導者、長老幹部からはやり過ぎではないかという批判の声が水面下で高まりつつある。また、全国の役人たちの間には、「へたに目立つことをして不正や汚職があると疑われたらたまらない」と、萎縮して何も仕事をしなくなる「不作為」が横行し、行政に大きな支障が出始めた。反腐敗キャンペーンがもたらす「負の側面」が新たな課題になりつつある。

一方、三つ目の報道機関に対する締め付けは、習主席がトップになって以来段階的に強化され多くのジャーナリストやネットユーザーたちの強い反発を招いてきた。

本書では、まず第一章と第二章で、２０１６年に入って起きた習近平政権のメディア支配の直近の動きと、それに対する世論の反発を中心に、中国でいったい何が起きたのかを記そうと思う。また、その背後にどのような政治的思惑が働いているのかについても、可能な限り読み解くことにする。

続いて第三章から第十三章にかけては、主としてそれ以前の動き、つまり中国の過去の言論統制の大まかな流れと、とりわけ２０１２年秋に習近平氏が中国共産党の総書記としてトップの座について以来、急速に厳しくなったメディア規制の動きについてご紹介したいと思う。

中でも、世界のジャーナリストたちを驚かせたのが、習近平政権が30万人にものぼる中国の全ての報道関係者を対象に、「マルクス主義ニュース観」を学習する研修を半ば強制的に行い、研修後に実施する資格試験に合格しなければ取材活動を認めないという前代未聞の強硬策に出たことだ。

本書では、そこで行われた「研修」の内容や、「認定試験」の予想問題についても詳しくとりあげてみたい。

もちろんこうしたメディアに対する締め付けに対しても、「上に政策あれば下に対策あり」と言われる中国では、国民の多くが抜け道を探り出し、中国版ラインや中国版ツィッターを使った互いの情報交換網をインターネット上に築き上げた。さらにインターネットを利用したテレビが急速に発達し、多くの家庭がネット回線を使って外国のテレビ番組を見られる装置を買い入れたとされる。こうした庶民による「対策」や「反発」の動きと、それに対する更なる取締りの動きについて、項目ごとに記してゆくことにする。

このように中国のジャーナリストたちからフリーハンドの余地を奪い、党に絶対服従させるところまで追い込んだ習近平主席に対しては、単に反腐敗キャンペーンに反抗してきた既得権益層だけにとどまらず、これまでは習近平主席を支持する立場にいた政治勢力や、声を潜めていた長老たちの間からも強い懸念の声が広がり始めた。それは一見盤石であるかのように見えた習近平指導部の中に深刻な亀裂を生じさせ始めたことすら暗示している。またそれに追い討ちをかけるように出現したパナマ文書など、自らに不都合なスキャンダルが表面化するという逆風の中で、習近平主席は新たな政治転換の決断を迫られる形になったといえよう。だが、中国最高指導部内部の権力闘争はまだ序章に過ぎない。本書の最終章、第十四章では、直近見られた習近平政権の動きと、背後でうずまく権力闘争の構図を読み解くことで、今後の中国政治の行方を展望したい。

２０１６年夏　　筆者

覇王 習近平

メディア支配・個人崇拝の命運

目次

はじめに……1

第一章　メディアは「党」の姓を名乗れ！——13

習近平主席の大号令……14
噴出した習近平政権批判……16
国営通信社も反抗か……20
著名ブロガーの大胆な抵抗……22
垣間見えた最高指導部の亀裂……23
王岐山氏が持つもう一つの顔……25
「党の姓を名乗る」意味とは……29
習主席は「党の核心」か……31
就任直後から権力独占……34

第二章　習近平主席辞任要求の衝撃——37

人民日報に現れた激震の予兆 …… 38
全人代開幕日の混乱 …… 40
最初の辞任要求公開書簡 …… 41
辞任要求の第二弾もネット上に …… 45
公開書簡が突き付けた五つの過ち …… 47

第三章 中国言論統制の歴史 — 53

中国建国以来の動き …… 54
改革開放以降の動き …… 56
習近平政権誕生前夜の動向 …… 60

第四章 「南方週末」の元旦社説すり替え事件 — 63

事件の概要 …… 64

「環球時報」の反撃……67
タブー視される「憲政政治」……69

第五章　動き出した習近平政権と言論規制――73

行政機構改革で規制を一本化……74
引締め通達第一弾……75
「七つのタブー」の謎……77

第六章　ジャーナリスト30万人の大研修――81

前代未聞の大研修……82
研修強行のスケジュール……83
教材から見えてきた研修内容……86
「マルクス主義ニュース観」とは何か……89
分かりやすかった「ニュース倫理」……93

NGニュースの実例……96
中国人記者が受けた試験問題とは……98
厳戒で迎えた天安門事件二十五周年……104
西側メディアとの激論……106
交流会議開催国中国の思惑……109

第七章　「官製報道」をあざ笑うネット世論――111

パロディーニュースに秘めた思い……112
続々登場するパクリニュース……114
「新聞八股」の功罪……115

第八章　言論統制の下で読者を拡大する「参考消息」――117

発行が許されている理由……121
今も期待されるワクチンの役割……123

第九章　新聞スタンド強制撤去の波紋―――125

第十章　インターネットの急速な普及がもたらした変化―――131

インターネット急速拡大の実態……132
謎のミニブログ「学習粉絲団」……136
メディア統合の加速……140
老舗人民日報社で始まった変革の動き……142

第十一章　官製メディア報道への反発と当局の対応―――147

株価暴落で政府批判……148
株価あおった御用メディア……149
天津大爆発の波紋……151
市民が内情をネットで暴露……153

第十二章　インターネットの監視強化と取り締まり　157
ネット管理強化を法制化　158
ネット規制の歴史　159
新たな規制のスタート　163
ネットテレビの一斉摘発　166

第十三章　国内規制の一方で対外情報発信を着々強化　173
急速に進化する国際放送　174
急成長したテレビ国際放送　177
ラジオ国際放送局の反撃　184
国際放送重視のねらいは　186

第十四章　習近平主席の政策に新たな変化 —— 187

変化の予兆 …… 188
影の最高実力者は胡錦涛氏か …… 190
焦燥感がにじんだ習近平主席の動き …… 193
「両学一做《さく》」運動が示すもの …… 195
パナマ文書公開の衝撃 …… 196
他のねらいもあったのか …… 200
方針転換の決断 …… 201
新たな権力闘争の始まり …… 203
「トップ（一把手）」とは誰のことか …… 207

おわりに …… 212

第一章　メディアは「党」の姓を名乗れ！

習近平主席の大号令

「中国のメディア界が大変な騒ぎになっています。記者たちの不満や怒りが水面下で爆発寸前の勢いでした」

２０１６年3月初めに中国から戻ったばかりの知人が心配そうな顔をしてそう教えてくれた。習近平国家主席が2月半ばに行った主要メディア視察を契機に、報道機関に対する締め付けが一層厳しくなり、中国のジャーナリストは何も語れなくなったというのだ。

中国では２０１３年春の習近平政権の発足以来、報道機関に対する言論規制が段階的に激しさを増してきた。それでもまだ、地方政府の汚職や腐敗を食い止めるため、メディアによる権力の監視機能もある程度容認され、現場の記者たちには記事を通して自分のジャーナリストとしての見識を活かせる余地がいくらかはあった。だが、習近平主席が新たに打ち出した大号令によって、報道機関の役割は、習近平主席を必要以上に持ち上げたり、上からの指示を垂れ流したりすることに重きが置かれ、職場が息詰まるような雰囲気にがらりと変わってしまったのだという。

その発端は、習近平主席が2016年2月19日、中国を代表する新華社通信社と人民日報社それに中国中央テレビ局（ＣＣＴＶ）を立て続けに訪問し、編集現場の幹部や記者に対して、中国共産党の声を世界に伝えるよう督励したことに始まる。このうちＣＣＴＶでは、習主席がメインニュースのキャスター席まで視察（写真上）、ロビーの壁に据えられた巨大なディスプレイには、「我々は『党』の姓を名乗ります。党に絶対忠誠です。どうぞ検閲なさって下さい」というメッセージが大々的に映し出され（写真下）、そのあまりに露骨な表現からは、報道機関が習近平主席にひれ伏した様がはっきりと読み取れ、全国の視聴者を驚かせたのだ。

　習近平主席は、主要メディア3社の視察の後、国会議事堂に当たる人民大会堂に党幹部やマスメディアの代表ら約１８０人を集めて「報道・世論工作座談会」を開いた。

この席で習主席は、「党のメディアの仕事は全てにおいて、党の意志を体現し、党の主張を反映し、党中央の権威を守るものでなくてはならない」と力説したうえで、「党と政府が経営するメディアは党と政府の宣伝陣地であり、『党』という姓を名乗らなければならない」と熱弁をふるったのだ。実はこの言葉が、人々の心に新たな反発の火を燃え上がらせる引き金になった。

では、「党の姓を名乗る」とはいかなる意味か。中国語では「姓党」という二文字で示されるが、実はこの言葉は、新中国が成立する頃に使われた古い言葉だ。当時日本軍や国民党との戦いで多くの戦争孤児が生まれた。中には親の名前すらわからない子供たちがいたため、中国共産党の占領地域では、男の子には「党」という姓、女の子には「国」という姓をつけたという逸話が残っている。つまり、「党の姓」を名乗るとは、中国共産党によって守り育てられた子供を意味し、両親たる党に絶対服従せざるを得ない境遇を示すのだ。かつて毛沢東時代には、党の姓を名乗れることは大変光栄なことと考えられ、周囲から尊敬される模範とみなされたという。

噴出した習近平政権批判

だが、2月の座談会で「メディアは党の姓を名乗れ」と呼びかけた習近平主席の号令に対して、中国の人々は極めて敏感に反応した。「中国版ツィッター」に相当するミニブログ（微博）や「中国版ライン」に相当するミニチャット（微信）には、たちまち「習大大（習お父さん）は素敵！」「超萌え！」などのようなほめ殺しの言葉が書き込まれた。さらに、「これじゃ文化大革命の暗黒時代に逆戻りだ」、「ますます北朝鮮に似てきたぞ」、「天気予報も党の指導に従えてみろ」など皮肉を込めた声までもが次々と書き込まれ、ただちに削除されるという憂き目にあった。

一部のメディアも黙ってはいなかった。中国南部で発行されている「南方都市報」の深圳版は、一面上段にもっともらしく「党や政府のメディアは宣伝陣地であり必ず党の姓を名乗るべきだ」という習主席主催の座談会の記事のタイトルを大きく掲げた。ただ、大きなタイトルのすぐ真下に、有名な企業家の遺灰を海にまく地元ニュースの写真を掲げ、この写真には「魂が大海に帰る」というタイトルをつけたのだ。

両者は全く異なる記事だったが、この二つの記事のタイトルは上下に隣り合うようならんでいて、右端の

二文字を縦に読むと「メディアが党の姓を名乗れば魂は大海に帰る」、つまり「報道機関が中国共産党の代弁をすれば、ジャーナリストとしての魂は死滅する」と読めるように作られていたのだ。当局は「故意にやったもの」とただちに判断し、担当編集者のクビを切り、責任者も警告処分にした。

たまたま、二つのタイトルが重なった偶然ではないかと疑う方もおられるかもしれない。だが、「南方都市報」は、見出しや写真を巧みに配置して政府批判を行うという前歴があったのだ。

例えば、中国政府を批判し獄中にいる反体制活動家、劉暁波氏が2010年にノーベル平和賞を受賞した際には、授賞式翌々日12月12日の一面トップに「空席のイスと鶴」を写した写真を大きく掲げた（左頁写真上）。この写真自体は、広州市で行われたアジア・パラリンピック競技大会のリハーサルの写真で、開会式に登場する鶴5羽とそばに置かれた三つの空席のイスが写っている見栄えのしない地味なものだった。ただ、それは見方によっては明らかに劉暁波氏の受賞を祝福するものともとらえられた。つまり、「鶴」は中国で祝賀を意味する「賀」という字の発音と同じで、空席のイスは、獄中にいるため授賞式に出られなかった劉暁波氏のための空席のイスを象徴するものだった。中国人にはそれが何を意味するかすぐにピンとくるように作られていたのだ。

また2012年11月の18回党大会閉幕の時にも紙面に皮肉を埋め込んだ。一面に「十八回党大会勝利のうちに閉幕（十八大勝利閉幕）」という大見出しを掲げたが、そのすぐ上に「路線の自信と理論の自信、制度の自信は揺るぎない（堅定道路自信、理論自信、制度自信）」という小見出しを付けたのだ（写真下）。この小見出しと大見出しの一部の文字を縦に読むと、「自大（独りよがりで尊大だ）」「自利（自分の利益ばかり求める）」「自閉（自分の殻に閉じこもっている）」という三つの批判が浮かび上がる仕組みだった。横見出しの一部を縦に読むことで批判を表すという方法は、まさに今回のメディア規制批判の紙面と共通する手口で、解雇された担当編集者は、この党大会のタイトルをヒントにしていたのかもしれない。

　担当編集者が解雇された南方都市報では、その処分に強く反発し、自

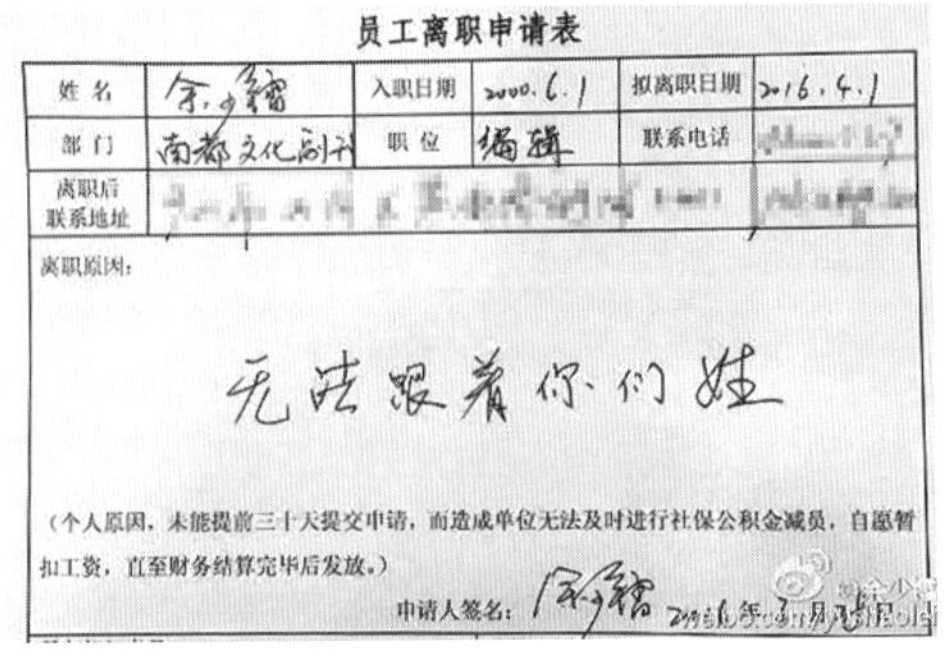
员工离职申请表

姓名	余少鐳	入职日期	2000.6.1	拟离职日期	2016.4.1
部门	南都文化副刊	职位	编辑	联系电话	
离职后联系地址					

离职原因：

无法跟着你们姓

（个人原因，未能提前三十天提交申请，而造成单位无法及时进行社保公积金减员，自愿暂扣工资，直至财务结算完毕后发放。）

申请人签名：余少鐳 2016年3月

ら辞職した同僚も出た。それは、読者からとても人気のあったコラムニスト、余少鐳《らい》氏で、余氏の辞職申請書の写真（上の写真）がネット上に公開され、その辞職理由について彼はこう書いていた。「あなた方の『姓』にはとてもついてゆけない」当然この言葉も、習近平主席が「党の姓を名乗れ」と指示した事への強い反発に他ならない。

国営通信社も反抗か

3月13日には、中国で最も権威があるとされる報道機関、国営新華社通信から、にわかには信じがたい表現の記事が配信され、半日近くも訂正されないという異常事態が起きた。それは、中国の議会にあたる全国人民代表大会（全人代）が開かれている真っ最中のことだった。13日の午後5時頃、「昆泰ホテルの内外から中国経済の自信を尋ねる」と題する、全人代がらみの地味な記者の手記が配信されたのだ。ところがこの記事を読んでゆくと、文章のなかに「中国最後の指導者習近平は今年の

记者手记：从昆泰酒店内外寻中国经济信心|互联网金融监管 ...
finance.sina.com.cn/roll/2016-03-13/doc-ifxqhnev5934316.shtml ▾
13 小时前 - 中国最后领导人习近平在今年的两会上表示，中国发展一时一事会有波动，但长远看还是东风浩荡。广大非公有制经济人士要准确把握中国经济发展 ...

両会で次のように表明した……」という表現の文章が書き込まれていたのだ（上の写真）。「最後の指導者」とはラストエンペラーの意味とも読み取れ、中国共産党支配の終焉を意味する。この記事は、新華社配信の記事として、多くの他のサイトにも転載され、中国のネットユーザーの間で大騒ぎになったのだ。

もとより新華社は国を代表する通信社だ。一刻を争う速報記事ならともかく、こうした一般の記事は、記者が執筆した後、編集者や校正者が事前に何人も目を通し念入りにチェックしているはずだ。しかも、最高指導者の肩書きには最も神経を使うはずなのだが、それが書き間違えられ、不吉な「中国最後の指導者」となっていることがいとも簡単に見過ごされたこと自体、実に奇妙なことだといえる。さらに、各サイトに転載されたその部分が「中国の最高指導者」と全て訂正されたのは翌14日5時頃と言われ、結果として半日近く放置されたことは、習近平主席に対して反発する意図があったのではないかと疑われても仕方がないだろう。それは「習近平にトップを任せて大丈夫か」という批判が、国営メディアの中までくすぶっていることを容易に想像させるものとなった。

著名ブロガーの大胆な抵抗

中国のネット世論にさらに大きな衝撃を与えたのが、著名なブロガー、任志強氏が書き込んだミニブログだった。任氏は歯に衣をきせぬ言葉で、率直に意見を表明することから「網民」と呼ばれるネットユーザーの間でとりわけ人気があり、フォロワーの数は３７００万人以上とされる。その任氏が、「メディアは党と言う姓を名乗れ」と呼びかけた習近平主席の言葉をするどく批判するコメントを書き込んだ。

「人民の政府はいつから党の政府になったのか？　全てのメディアに（党の）姓を名乗らせ、メディアが人民の利益を代表しなくなれば、人民は捨てられ、忘れさられ隅に追いやられてしまうではないか」

任志強氏は、不動産王の米大統領選候補者になぞらえ「中国のトランプ」とまで呼ばれる大手不動産会社「華遠地産」の元会長で、中国共産党員だ。かつては現在の北京銀行の前身北京市商業銀行の監事や保険会社の役員もつとめた金融通で、北京市の政治協商委員という公的地位にも就いている。そして何より、かつて、北京市長を務めた王岐山政治局常務委員の親友で

任志強氏

あることでもよく知られている。

任氏は、くだんの習発言批判をミニブログに書き込んだことで、官製メディアのサイトなどから猛烈な批判の集中砲火を浴びることになり、任氏のブログは一時閉鎖された。中でも任氏批判の先鋒となった北京市政府系の「千竜網」というウェッブサイトには、「誰が任志強を反党に仕向けたのか」という文章が書きこまれ、任志強氏の背後に政治局常務委員の人物、王岐山氏がいることを暗示した。

垣間見えた最高指導部の亀裂

これに対して、今度は王岐山氏側が反撃に出た。全人代が開幕する直前の2月29日と3月1日、自らがトップを務める党中央規律検査委員会の機関紙「中国紀検監察報」は二回にわたり「一人の直言は、千人の従順より勝る（千人之諾諾，不如一士之諤諤）」という反論記事を掲げ、その内容は同委員会のホームページにもアップされた。一人の直言とは、まぎれもなく任志強氏の習近平批判の直言のことであり、千人の従順とは、習近平主席の権力集中に恐れをなして盲目的にしたがっている多くの指導者と、任氏批判の先頭に立った「千竜綱」の「千」をひっかけた言葉に違いないとの憶測が広まった。ただ、「一人の直言は、千人の従順より勝る」という言葉自体は、前漢の歴史書「史記（商君列伝第八）」からの引用で、かつて習近平主席も口にした言葉だったため、誰も批判できなかった。

そして3月5日の全人代開幕初日の人民大会堂で王岐山氏の奇妙な行動が中国全土に知れ渡ることになった。指導者たちが居並ぶ舞台正面のひな壇の上で、初日の会議終了後に帰りかけた習近平主席の背中を、後ろから追いかけた王岐山氏が手で軽くたたき、一言二言習主席と言葉を交わしたのだ。テレビ中継で全国の国民に見られているひな壇の上で、共産党序列トップの習近平主席の背中を、序列6位の王岐山氏が気軽にたたくことなど、ふつうはあり得ない光景だ。習近平主席と王岐山氏は、若かりし頃、陝西省の農村に下放された当時からの親友で、年上の王岐山氏が「兄」、年下の習近平氏が「弟」のような関係でその友情は厚いと言われてきた。とはいえ、衆目が集まる場所で、あえてあのような行動をとることには、別の意味があったとも考えられる。それは、「自分は気軽に後ろから習近平主席の肩をたたける立場なのだ」ということを王岐山氏が世間に示すことではなかったか。プライベートの場では確かに王岐山氏が年上の「兄」だったかもしれない。しかし、全人代という公式の場では、党の序列は絶対だったはずだ。その意味では、習近平主席としては、序列の低い指導者から公開の場で背中をポンポン叩かれたことで、最高指導者としてのメンツを傷つけられたといえるかもしれない。不思議なことに、この「背中たたき」を境に、任志強氏に対するネット攻撃の言論がぴたりと止まった。一方で、この問題をきっかけに習近平主席と王岐山氏の力関係を読み解く見方や、二人の間に新たな亀裂や不協和音が生じたのではないかと分析する見方も出てきたのだ。

王岐山氏が持つもう一つの顔

王岐山氏と習近平主席の関係を語る時、文化大革命の最中、同じ陝西省に下放された当時からの親友で、お互いに「兄弟」のように親しかったことがよく取り上げられる。また、王岐山氏が姚依林元副首相の娘と結婚していることから、習近平主席と同様、有力指導者の子弟を意味する「太子党」に属するという見方も一般的だ。

王岐山氏は、中央規律検査委員会の書記として習近平主席が掲げた「虎（高級幹部）もハエ（下級官僚）もたたく」という反腐敗キャンペーンの先頭に立ち、周永康元政治局常務委員や令計画元党中央統一戦線部長、それに中央軍事委員会の元副主席2人など大物の幹部の摘発に

王岐山氏

当たってきた。習近平主席にとっては、中国共産党の最高指導部にあたる政治局常務委員の中で、最も気が許せる兄弟的存在であった。言い換えるなら、王岐山氏の側面支援があるからこそ、習近平主席は思い切った政策を打ちだせるという最強の味方だったといえるのだ。習近平主席と王岐山氏の結束は一枚岩のようだと考えられた。

だが、王岐山氏にはもう一つ別の顔があることを忘れてはならない。それは、かつて金融改革や国有企業改革に大ナタを振るった剛腕宰相、朱鎔基氏の「愛弟子」としての顔だ。

そもそも王岐山氏は、中国農村信託投資公司の総経理や中国人民建設銀行副行長などをつとめた金融畑の専門家だ。そして1993年中国の中央銀行、中国人民銀行の副行長に抜擢されたが、その時の直属の上司が、当時の中国人民銀行の行長を兼任した朱鎔基副首相だったのだ。朱鎔基副首相は王岐山氏の実力を直感し、王岐山氏を中国人民建設銀行行長に送りこんでいる。そして1997年、アジアの金融危機が発生すると、朱鎔基副首相は信頼する王岐山氏を、国内で最も深刻な打撃に見舞われた広東省のトップの座に送り込み、広東国際信託投資公司（GITIC）の破たん処理など、下手をすれば中国全土の経済をも揺るがしかねない経済処理の難題を王岐山氏に任せたのだ。

１９９７年香港がイギリスから中国に返還された直後、アメリカのヘッジファンドが仕掛ける形で始まったアジアの金融危機は、東南アジアの国々や韓国の通貨を暴落させ、深刻な打撃をもたらした。そして、その衝撃が津波のように香港や中国経済にも襲い掛かり、巨大な通貨下落圧力にさらされた香港と隣接する広東省の経済に激震が走った。

朱鎔基副首相の命を受けて広東省に乗り込んだ王岐山氏は、朱鎔基氏と密接に連絡を取り合うことで、難題を次々に処理し、通貨人民元の暴落を食い止め、中国経済を深刻な打撃から救った。

この混乱の最中１９９８年副首相から首相に昇格した朱鎔基氏は、王岐山氏の経済手腕を高く評価し、広東省の経済問題の処理がひと段落した２０００年、王岐山氏を中央政府に呼び戻し、国務院経済体制改革弁公室主任・党組書記に抜擢したのだ。

まさに王岐山氏の師匠ともいえる朱鎔基氏は、公平無私の態度で経済問題に取り組み、不良債権を山のように抱えた金融機関や効率がきわめて悪かった国営企業をバタバタと切り倒したことから、日本の経済界では、日本のバブル退治に果敢に取り組んだ日銀の三重野総裁になぞられて「中国の鬼平」と呼ばれるほどの剛腕の持ち主だった。

だがその朱鎔基氏には苦渋に満ちた過去があった。１９５８年に毛沢東主席が発動し、人民公社を全国に作らせた「大躍進運動」の頃、体制を批判した朱鎔基氏は「右派の反動分子」とみなされ、党籍をはく奪された上、激しい迫害を受けたのだ。朱鎔基氏は、正義感が人一倍強く頑固一徹で信念を曲げなかったことから、１９６０文化大革命でも批判され労働改造所に放り込まれるなど、毛沢東主席を個人崇拝する運動の中で、辛酸をなめ尽くしたといえる。鄧小平氏が打ちだした改革開放政策によってようやく名誉が回復され、頭角を現すようになった朱鎔基氏にとって、昨今、改革開放政策によって定着した集団指導制から、文革時代のような個人崇拝の方向へと逆戻りする動きが出てきたことは、内心許せなかったに違いない。

一方、習近平主席とタグを組み、反腐敗キャンペーンの先頭に立ってきた王岐山氏が、身の危険を顧みず、汚職にまみれた大物幹部を次々に摘発してきた姿を見ると、まさに師匠たる朱鎔基首相の過去の姿をほうふつとさせるものがある。正義を貫き頑固一徹で信念を貫くという師匠朱鎔基氏のやり方を王岐山氏はそのまま受け継ぎ、自らもそのような道を歩んできたといえるのだ。

旧来の友である習近平主席に対してといえども、自分の信念とは異なる道を歩もうとすれば、率直にかん言することをはばからない、そうした鋼鉄のような信念を、朱鎔基氏の薫陶をうけた王岐山氏はそのまま引き継いでいるといえよう。

「党の姓を名乗る」意味とは

さて、話を元に戻すと、習近平主席に対する一連の反発は、その多くが「党の姓を名乗れ」とメディアに要求したことに反発するものだった。人気ブロガーの共産党員、任志強氏はなぜ、恐れ多くも共産党トップの地位にある習近平主席の言葉に反抗できたのだろうか。

「姓党（党の姓を名乗れ）」と言う言葉が、イデオロギーを重視し、毛沢東主席に対する個人崇拝が盛んだったころに使われた古い言葉だということは既に記した。実は、毛沢東主席の死後、三度目の復活を果たして改革開放路線を打ち出した最高実力者鄧小平氏が、人々に「党」の姓を強要することに反対していたのだ。

鄧小平氏は、「白猫でも黒猫でもネズミを捕る猫はよい猫だ」と語ったことで知られる現実主義者だ。その鄧小平氏は、１９８９年の天安門事件の後、一度は完全に引退したが、天安門事件に対する西側諸国からの制裁を受けて、当時の中国指導部は一時、改革開放路線を後退させる保守的な思想に偏った。それを見た鄧小平氏は、広東省など中国南部を巡回視察しながら改革開放路線を堅持するよう呼びかける行動に出た。この時語られた語録は、後に「南巡講話」

と呼ばれた。それは、中国が再び文化大革命当時のような原則的な社会主義に後戻りし、同じ過ちを繰り返すことがないよう、当時の最高指導部に釘を刺し、思想の解放を強く呼びかけた、鄧小平氏のいわば「遺言」でもあった。

その鄧小平氏の語録の中に、「改革開放の歩みを加速するためには、姓が『資』か『社』かにこだわって問題を議論してはならない。（要加快改革开放的歩伐，不要糾纏於姓〝資〟還是姓〝社〟的問題討論）」という言葉が出てくる。「資」とは資本主義のことであり、「社」とは社会主義のことであるが、要するに「姓でレッテルを張るのではなく、実際の働きぶりで評価せよ」という白猫黒猫論にも通じる鄧小平氏ならではの考えだった。そして言葉の底辺には、「古臭い思想に凝り固まるな」という「思想の解放」に何より力を入れた鄧氏ならではの信念があったと言える。

ところが習近平主席は、「姓党（党と言う姓を名乗れ）」と、まさに古臭い言葉を持ち出したわけで、それは、習主席の権力集中に反対する人たちに、鄧小平氏の教えに背くものだと批判する口実を与えることになった。次々と削除されたミニチャットの書き込みの中に「文革への時代逆行だ」「バックオーライ」などといった過去への回帰を皮肉るものが多かったのも、習主席の指示が鄧小平氏の改革開放路線から逸脱するのではないかという受け止めが強かったからだろう。

習主席は「党の核心」か

中国国内では、２０１６年に入って習近平主席に関わるもう一つの動きに波紋が広がっていた。それは習近平主席を前任者の胡錦涛氏よりも高い絶対指導者のステータスを意味する「党の核心」と位置付けようとする動きだった。習主席のことを「党の核心」と呼ぶ動きが、特に党の地方指導者らに対して踏絵を踏ませるような形で広がったのだ。

習近平主席のことを「党の核心」と呼ぶ運動は、２０１６年1月8日、天津市の黄興国代理書記の発言で始まった。同年1月12日付の天津日報によると、黄興国代理書記は、1月8日と11日に二回にわたり会議の席で「習近平党総書記という核心を断固として擁護する。習党総書記の号令に従う（向習総書記看斉）」と強調した。11日には、四川省党委員会委の王東明書記も同様の発言をしたことが四川日報に報じられたほか、別表のように、安徽省、広西チワン族自治区、西安市、湖北省、それに内モンゴルの責任者も相次いで、習近平主席を「党の核心」とみなし、競い合うかのように絶対忠誠の姿勢を示したのだ。

■習主席に真っ先に忠誠を表明した地方幹部ら

日付（2016年）	地域	発言者	報道
1/ 8 1/11	天津市	黄興国代理書記	天津日報 1/12
1/11	四川省	王東明書記	四川日報 1/12
1/13	安徽省	王学軍書記	安徽日報 1/14
1/13	広西チワン族自治区	彭清華書記	広西日報 1/14
1/14	西安市	魏民洲書記	西安日報 1/15
1/16	湖北省	李鴻忠書記	ネット情報
1/22	中国銀行	田国立書記	金融時報 1/23
1/29	内モンゴル自治区	王君書記	内蒙古日報 1/30

それは、あたかも習近平主席が絶対権力を握る事を支持するかどうか、踏絵にかけたような動きとも見て取れた。真っ先に発言した黄興国代理書記は、習近平氏が浙江省のトップ、党委員会書記を務めた際に、同省党委常務委員として支えたかつての部下だ。習近平主席が、将来自分の後を託す新世代のエースとして抜擢しようと、天津市長から天津党委員会代理書記に昇格させたが、２０１５年夏に起きた天津市港湾部での大爆発によって、やや不利な立場に追い込まれていた。それだけに、いち早く「習主席は党の核心」と声を上げることで、巻き返しを図ろうとしたのではないかと言われている。政治局常務委員入りは難しくなっても、政治局員には昇格したいという願望を見て取れる。

習主席を「核心」と持ち上げる発言は、その後も続き、河北省の趙克志党委書記、遼寧省の李希党委書記、チベット自治区の陳全国党委書記、重慶市の孫政才党委書記、北京市の郭金竜党委書記、湖南省の徐守盛書記、山東省の姜異康書記など約20人が表明したと伝えられている。

ただ、筆者の分析では、各地方指導者の表現には濃淡が見られた。つまり、ストレートに習近平主席のことを「党の核心」と位置付ける言い方と、習近平主席を総書記とする党最高指導部に対する「核心意識」を持つという、習主席だけを「核心」とみなさない微妙な言い回しをする地方指導者もあり、習近平主席との間合いの取り方が透けて見えた形になった。

ところで、これまでに「党の核心」と呼ばれたのは鄧小平氏と江沢民氏。しかもその評価は、最高実力者の地位を長年積み上げた結果、そう評されるようになったものだ。

一方で、習近平主席はトップの座についてからまだ3年余りに過ぎない。本来なら自分を最も高い評価として歴史に位置づけようとするのは任期満了の10年目に近づいてからが普通だろう。なぜそこまで急ぐのか、自らを「党の核心」と呼ばせるよう促した習主席周辺の動きには、何かしら焦りのようなものすら感じられた。

就任直後から権力独占

２０１２年秋に共産党のトップ総書記になった習近平氏は、前任者の胡錦涛主席が、全ての職から退く「完全引退」の形で引き継ぐことになったことから、就任早々党・国家・軍の三権を掌握する形となった。さらに新しい組織として外交、安全保障や国内の治安対策の司令塔となる「党中央国家安全委員会」や経済、生態、法治、文化、社会など多方面の改革を指導する「中央全面深化改革指導小組」、「中央インターネット安全保障及び情報化指導小組」「中央軍事委員会国防及び情報化指導小組」それに「中央財政経済指導小組」など「小組（グループ）」と名のついた指導組織を次々と設立しそれら小組のトップに就いた。

小組をいくつも作り自らの支配下に置くやり方は、文化大革命の時に毛沢東主席が国家行政から権力を奪うために行った方法をほうふつとさせるもので、習近平主席は、すでに形式上は毛沢東主席をもしのぐほどの絶大な権力を自らの手に掌握した形になっていた。それにもかかわらず、今年に入って、自らを「党の核心」と位置付けようとしたり、メディアに対して絶対服従を意味する「党の姓を名乗れ」と求めたりしたことに、強い違和感を抱いた中国人も少なくなかっただろう。

ある党幹部の一人は、こう解釈した。

「自らを党の核心と位置付けることは、自らの言葉を党の意志と位置付けさせることに等しいでしょう。この動きと、メディアに党の代弁をせよと指示したことを重ね合わせると、『メディアは習近平主席に絶対服従し、その言葉を代弁せよ』と言うことになります。つまり、『姓を党と名乗れ（姓党）』という指示は、『姓を習と名乗れ（姓習）』と言う意味に等しいと受け取り、ネット世論やジャーナリストの間に一気に反発する動きが広がったのです」

第二章　習近平主席辞任要求の衝撃

人民日報に現れた激震の予兆

全人代が開幕する2日前の2016年3月3日、中国共産党の機関紙「人民日報」の4面に「話し合いこそ中国の民主の知恵」と題する地味な記事が掲載された。この記事では冒頭、「毛沢東同志は何か事があればよく大衆と相談し、一般大衆との意思疎通を堅持することを生涯貫いた」というエピソードが語られ、話し合いの大切さを強調していた。さらに「習近平同志が『中国の社会主義制度の下では、何か事があればよく相談し、人々のことは人々自身に話し合わせ、社会の望みや要求の最大公約数を探し当てる事こそ、人民民主の真の意義だ』とまさに述べたとおりだ」と書き綴るなど、一見すると、あたかも毛沢東氏と習近平主席を賛美するような記事に思えた。

掲載された日付が、ちょうど全人代とほぼ並行して開催される中国共産党と各界の人々の話し合いの場である政治協商会議の開幕日であったことや、重要な記事が掲載される場所でもない4面に掲載されたことから、当初この記事はあまり注目されなかった。筆者も一応軽く目を通してはいたが、前半を読んだだけで、その先を読む気が起こらなかった。

ところがこの記事は、筆者が見落とした後段にこそ重大な主張が織り込まれていた。

後日改めて読み返してみると、後段には「今の中国は、利益が更に多元化し、観念が更に多様化し、思想も更に大きく変わってきており、大衆の民主に対する求めも更に強烈化している」との現状認識が示され、これまで以上に、一般大衆の意見をくみ取る努力が必要だという考えが切々と語られていた。

そして終盤にこう綴っていたのだ。

「指導者の中には、自分の威厳が損なわれることを恐れ、大衆と同じベンチに座ろうとしない者がいる。メンツを失うことを恐れ、耳に痛い大衆のかん言（逆耳之言）を聞こうとしない者がいる。騒ぎになることを恐れて、大衆に多くの情報を与えることを望まない者もいる。このような考えとやり方は全て誤りだ」

この言葉は、読み方によっては、全ての権力を一手に握り、メディアに絶対忠誠を求め、厳しい言論統制を強要してきた習近平主席批判そのものとも受け取れるものだった。だが、この記事が、その後の激震につながる予兆であることを想像できた人は、当時はほとんどいなかったのではないか。

全人代開幕日の混乱

２０１６年の全人代は3年5日の開幕日の当初から波乱含みの展開だった。それは全体会議の終了後、王岐山政治局常務委員が、党の序列では格上の習近平主席の背中を後ろから気軽にたたいたハプニングだけにとどまらなかったのだ。全人代では、開幕初日に必ず行われるのが国務院総理による政府活動報告の読み上げだ。毎年、時の総理が2時間余りにわたって、過去1年の総括や今後の政策目標を長々と演説するのが決まりだった。２０１６年の全人代もその前例に従って、李克強首相が政府活動報告を読み上げた。ところがその表情はこわばり、脂汗を流し、30か所も読み間違ったのだ。なかでも時の最高指導者である「習近平」と読むべきところを「鄧小平」と読み間違えたことは、通常は考えられない大チョンボだった。首相が活動報告をしている時には、ひな壇に並んだ指導者や会場の代表たちは、演説の内容が高揚する間合いを見計らって一斉に拍手することが習わしになっている。そして活動報告を終えた後、満場の拍手の中、国家主席が首相に握手を求めて労をねぎらうことも例年あたり前の光景だった。ところが、ひな壇中央に座っていた習近平主席は、終始しかめ面で、演説の合間の拍手もほとんどせず、最後に李克強首相に対してねぎらいの握手すらしなかった。汗だくになりながらさんざん報告を読み間違えた李克強首相、そして拍手も握手もせずにぶ然とした態度を貫いた習近平主席の姿は、全てテレビで全国に向けて中継され、中国の人たちを驚かせたのだ。

「習近平主席と李克強首相の間に何があったのか。前の晩、大ゲンカでもしたのだろうか」

素人目にもあからさまに映った中国共産党ナンバーワンとナンバーツーの不仲は、中国の国民に最高指導部の亀裂をより鮮明に印象付ける形になった。

中国では、これまでも最高指導部の中で権力闘争が頻繁に行われてきた。だが、テレビで全国中継される全人代のひな壇の上では、逆に、対立する指導者同士がわざとにこやかに話したり、親しそうなそぶりをしたりして、その対立を国民に気付かれないよう、公の場で見苦しい姿をさらすことは巧みに避けてきたといえる。

最初の辞任要求公開書簡

全人代開幕日の最高指導者たちの異常な振舞は何が原因か。ちょっと考えただけで、筆者はその理由と思われる不吉な出来事に行き当たった。それは、全人代開幕日の前日3月4日の午前零時に、新疆ウイグル自治区政府がかかわる「無界新聞」というインターネットニュースサイトに、習近平主席の辞任を求める「習近平同志が党と国家の指導者の職務を辞任するよう求めることに関する公開書簡」が貼り付けられた事件だ。

この公開書簡は、「忠実なる共産党員」と名乗る匿名の複数の作者が、海外で中国政府批判などを行ってきたフリー・チャイナ・プレスという団体の中国語ウェッブサイト「参与」に書き込んだものを転載する形になっていた（左頁写真）。だが、１４０９文字の文章の中身は、そのサイトの他の中国批判の文章や記事とはまったく異なるものだったのだ。それは、まるで国内の党幹部か知識人が書いたかのような、ある意味格調が高く、また大陸的な臭いがしみ込んでいるものだった。例えば、文章の中で、韓国を示す言葉として、西側の中国系の人々や、反体制派の中国人は絶対使わない「南朝鮮」という呼称が使われていた。それは文章の作者が、中国と韓国とが国交を樹立する１９９２年以前に、中国国内で知識を習得した中高年幹部であることをも想像させるものでもあった。不思議なことにこの書き込みは、中国当局が誇るインターネット監視システムには引っかからず、易々と中国国内のオフィシャルなサイトに書き込まれる形になった。このサイトに対して中国全土からのアクセスが急激に増えたことを不審に思ったサイトの管理者が発見し、ただちに削除して当局に報告したのだという。だが気がついた時にはすでに半日近くたっていて、その内容がどんどんコピーされて再発信されたり、画面を撮影して画像として転送されたりするなどして、瞬く間に中国全土に広まったという。

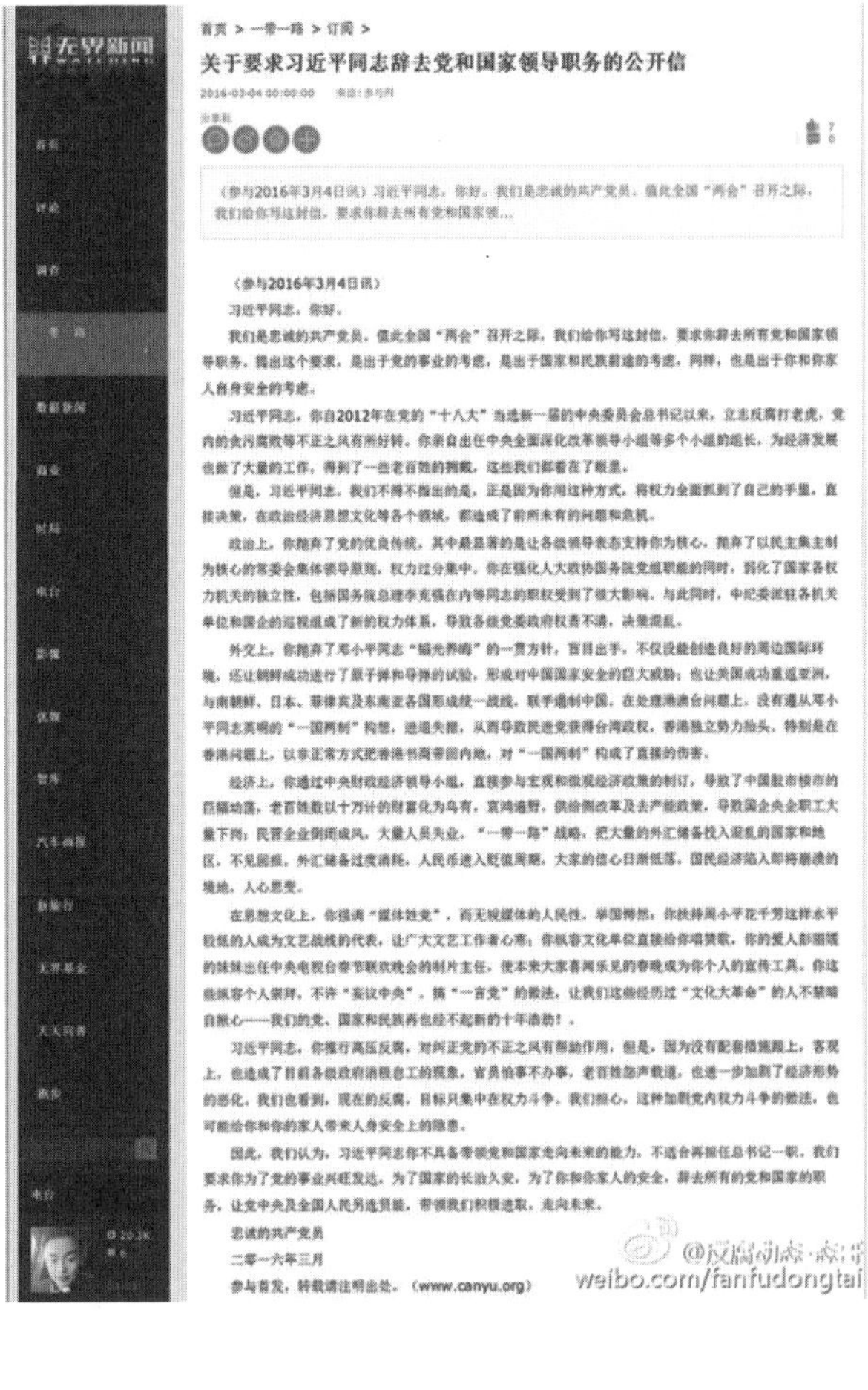

关于要求习近平同志辞去党和国家领导职务的公开信

2016-03-04 00:00:00　来源：参与网

（参与2016年3月4日讯）习近平同志，你好。我们是忠诚的共产党员，值此全国“两会”召开之际，我们给你写这封信，要求你辞去所有党和国家领...

（参与2016年3月4日讯）

习近平同志，你好。

我们是忠诚的共产党员，值此全国“两会”召开之际，我们给你写这封信，要求你辞去所有党和国家领导职务。提出这个要求，是出于党的事业的考虑，是出于国家和民族前途的考虑，同样，也是出于你和你家人自身安全的考虑。

习近平同志，你自2012年在党的“十八大”当选新一届的中央委员会总书记以来，立志反腐打老虎，党内的贪污腐败等不正之风有所好转。你亲自出任中央全面深化改革领导小组等多个小组的组长，为经济发展也做了大量的工作，得到了一些老百姓的拥戴，这些我们都看在了眼里。

但是，习近平同志，我们不得不指出的是，正是因为你用这种方式，将权力全面抓到了自己的手里，直接决策，在政治经济思想文化等各个领域，都造成了前所未有的问题和危机。

政治上，你抛弃了党的优良传统，其中最显著的是让各级领导表态支持你为核心，抛弃了以民主集主制为核心的常委会集体领导原则，权力过分集中，你在强化人大政协国务院党组职能的同时，弱化了国家各权力机关的独立性，包括国务院总理李克强在内等同志的职权受到了很大影响。与此同时，中纪委派驻各机关单位和国企的巡视组成了新的权力体系，导致各级党委政府权责不清，决策混乱。

外交上，你抛弃了邓小平同志“韬光养晦”的一贯方针，盲目出手，不仅没能创造良好的周边国际环境，还让朝鲜成功进行了原子弹和导弹的试验，形成对中国国家安全的巨大威胁；也让美国成功重返亚洲，与南朝鲜、日本、菲律宾及东南亚各国形成统一战线，联手遏制中国。在处理港澳台问题上，没有遵从邓小平同志英明的“一国两制”构想，进退失据，从而导致民进党获得台湾政权，香港独立势力抬头，特别是在香港问题上，以非正常方式把香港书商带回内地，对“一国两制”构成了直接的伤害。

经济上，你通过中央财经领导小组，直接参与宏观和微观经济政策的制订，导致了中国股市楼市的巨幅动荡，老百姓数以十万计的财富化为乌有，哀鸿遍野，供给侧改革及去产能政策，导致国企央企职工大量下岗；民营企业倒闭成风，大量人员失业，“一带一路”战略，把大量的外汇储备投入混乱的国家和地区，不见回报，外汇储备过度消耗，人民币进入贬值周期，大家的信心日渐低落，国民经济陷入即将崩溃的境地，人心思变。

在思想文化上，你强调“媒体姓党”，而无视媒体的人民性，举国哗然；你扶持周小平花千芳这样水平较低的人成为文艺战线的代表，让广大文艺工作者心寒；你纵容文化单位直接给你唱赞歌，你的爱人彭丽媛的妹妹出任中央电视台春节联欢晚会的制片主任，使本来大家喜闻乐见的春晚成为你个人的宣传工具。你这些纵容个人崇拜，不许“妄议中央”，搞“一言堂”的做法，让我们这些经历过“文化大革命”的人不禁暗自担心——我们的党、国家和民族再也经不起新的十年浩劫！。

习近平同志，你推行高压反腐，对纠正党的不正之风有帮助作用，但是，因为没有配套措施跟上，客观上，也造成了目前各级政府消极怠工的现象，官员怕事不办事，老百姓怨声载道，也进一步加剧了经济形势的恶化。我们也看到，现在的反腐，目标只集中在权力斗争，我们担心，这种加剧党内权力斗争的做法，也可能给你和你的家人带来人身安全上的隐患。

因此，我们认为，习近平同志你不具备带领党和国家走向未来的能力，不适合再担任总书记一职。我们要求你为了党的事业兴旺发达，为了国家的长治久安，为了你和你家人的安全，辞去所有的党和国家的职务，让党中央及全国人民另选贤能，带领我们积极进取，走向未来。

忠诚的共产党员

二零一六年三月

参与首发，转载请注明出处。（www.canyu.org）

ここでその公開書簡の要旨を少々ご紹介しよう。書簡は次のような書き出しで始まる。

「習近平同志、ニーハオ。我々は忠誠なる共産党員だ。全人代と政治協商会議が開かれるこの機会に、我々はこの書簡をあなたに送り、全ての党と国家の指導者の職務を辞任するよう求める。この要求は、党の事業を考慮し、国家と民族の前途を考慮して行うもので、同様にあなたとあなたの家族自身の安全を考慮して出すものだ」

公開書簡では、それに続いて、習近平主席が権力を自らの手に全面的に掌握し、直接政策を決め、政治・経済・思想文化等いくつもの領域で前代未聞の問題と危機を招いたと非難している。

また外交面ではこう記している。「鄧小平氏が打ち出した『韜光養晦《とうこうようかい》（控えめな姿勢を保持し実力を蓄える）』という一貫した方針を放棄し、分別なく手を出して、中国周辺の良好な国際環境を作り出せなかったばかりでなく、北朝鮮に核実験やミサイル実験を許すなど、中国の国家安全に大きな脅威を形成させた。また米国のアジア回帰を許し、『南朝鮮（韓国）』、日本、フィリピン及び東南アジア各国の間に統一戦線を形成させ、手を組んで中国をけん制するように仕向けてしまった」

さらに、言論統制についても、「あなたはメディアに『党の姓を名乗れ』と強調し、人民のためのメディアであることを無視し、国中を愕然とさせた」と公然と批判している。

この公開書簡が貼り付けられたのは、習近平主席が打ち出した「陸と海のシルクロード構想――一帯一路」を宣伝するための専門のページだった。まさに自らの政策をＰＲすべき身内のサイトに自らの辞任要求が書き込まれた習近平主席が受けた衝撃は、いかばかりであったのか。中国の内部事情に詳しい友人からは、この公開書簡の内容に共鳴した一部の長老元幹部が、習主席にやめてもらい、「李克強首相に代わりを務めてもらったらどうか」という提案をしたという噂も耳にした。その真偽は定かでないが、全人代開幕の前日にこうした衝撃的な事件が起きていたのだ。このため李克強首相は、習近平主席が朱筆を入れた政府活動報告ではなく、習主席決済前の報告を読むことになったとも言われている。全人代開幕時に習近平主席が終始ぶ然として、李克強首相と握手しなかったのも、逆に習主席からにらまれる形になった李克強首相が汗だくになり、政府活動報告を何度も読み間違った（？）のも、自ずとわかるような気がする。

辞任要求の第二弾もネット上に

実は、習近平主席の辞任を求める公開書簡は、それだけにとどまらなかった。米国を中心に

明鏡博客
www.mingjingnews.com

就立即罢免习近平同志党内外一切职务告全党、全军、全国人民书

時間：2016-03-29 06:03　瀏覽：8　收藏

我们是171名忠诚的中国共产党员，来自党政军群等各个机关部门。鉴于因习近平同志个人独裁及个人崇拜而导致的当前极不正常的党内组织生活的严酷现状，我们暂不署名地向全党、全军、全国人民书发布这一公开信。

我们以这份公开信的形式，表达我们对党和人民事业当前所面临的严峻危机的深切担忧，同时要求党中央、政治局、中央军委及全国人大常委会立即召开紧急会议，就习近平大肆推行个人崇拜、破坏法治实施个人独裁、不顾国内民生大肆外援、祸乱军队自毁长城、个人生活腐烂玷污党和国家形象等严重问题展开讨论，并立即罢免习近平同志党内外一切职务，以挽救党和人的事业。

习近平同志自十八大执政以来，虽在反腐败中取得了一些成果，但其连续不断地犯下严重错误已经对党和人民的事业造成了巨大的损失、构成了巨大威胁，已经到了必须解决的时候了。

中国情報を中国語で発信してきた「明鏡」というサイトのブログにも、3月29日に新たな公開書簡が書き込まれた（上の写真）。

「習近平同志の党内外の一切の職務をただちに罷免することについて全党、全軍、全国人民に告げる書」と題するこの公開書簡は、さらに率直な言葉で習近平主席に対する批判を書き連ねたものだった。ちなみに「全党、全軍、全国人民に告げる書」というタイトルは、中国では、毛沢東主席の逝去など、極めて重大な特別ニュースを伝える時に使われる大変特殊な言い回しだ。

米国のいわゆる「反中国的なサイト」は、本来、中国当局のインターネット規制によって、中国国内では見られない仕組みになっている。だが、最初の辞任要求の公開書簡が、海外のサイトから、いとも簡単に転載されたように、中国国内から海外のサイトに簡単に接続できる「抜け道ソフト」が中国国内に多数存在することも事実だ。このため、米国の「明鏡」に掲載されたブログの内容も、たちどころに中国国内に伝わったと見てよいだろう。

この公開書簡は、中国の党、政府、軍、大衆などの各部門から集まった171人の忠誠な中国共産党員が記したとしている。そして「習近平同志の重大な過ち」として具体的に五項目を挙げ、辞任を求める根拠としている点が、最初の辞任要求の公開書簡より、さらにストレートな形になったと言えよう。

公開書簡が突き付けた五つの過ち

ここで書簡が掲げた五項目の過ちについて簡単に見てみよう。まず、最初の項目では、「党規約に公然と違反し、自らを個人崇拝させることに対し寛容であり支持をした」としていることが誤りだとしている。

中国共産党の党規約では、第十条の六項で「党はいかなる形式の個人崇拝も禁止する」と明確に規定しているとした上で、習近平主席がこれに背く形で自分を崇拝させるようなことを許したというのだ。

そして習主席をたたえる毛沢東時代のような歌が、数多く作られネットに流れていることを指摘したり、中国中央テレビＣＣＴＶが旧正月に放送した、いわば中国版「紅白歌合戦」ともいえる「春節聯《れん》歓晩会」に習夫人の妹を制作責任者として、習近平主席個人を崇拝するような放送内容にしたことを指摘したりしている。

ただ、実際ネットに流れている「習主席をたたえる歌」の方は、その多くが半分皮肉交じりで作られたもののようにも考えられ、習近平主席がやらせているということの指摘は必ずしも当たっているとは筆者には思えない。

公開書簡では、また、個人崇拝をさせるために習近平主席のことをネットで「習大大（習お父さん）」と呼ばせていると指摘し、改革開放政策の総設計師と称えられた鄧小平氏ですら自分が「中国人民の子供だ」と謙遜しているのと比べて不遜だとしている。

公開書簡が習主席の過ちとして二番目に掲げているのは、「法治を破壊し個人独裁をしている」という点だ。習主席が政治局常務委員を中核とする集団指導の原則を放棄し、いくつも文化大革命時代のような「中央指導小組」をつくりその組長に収まることで党や政府の行政体制の運用と法治の精神を破壊したとしている。また、そうすることで、「国務院の李克強首相を含む多くの同志の合法的な職権に大きな影響と制約を与えた」と批判した。

習主席の過ちとして公開書簡は三番目に「国内の民の生活を顧みず、外国への援助に明け暮れた」ことを掲げている。この中では、中国国内には貧困のため学校に通えない児童や、軍から復員して生活に困窮している人、給料を受け取れない労働者が大勢いることなどを次々と上げ、それにもかかわらず、党中央委員会や全人代の承認も受けず、外国に大量に資金援助をしたり、外国の債務を免除したりするなど「金をばらまいている」と指摘している。

公開書簡では、四番目の過ちとして習近平主席が「個人で軍権を掌握するために、軍の現状や歴史を顧みず、中央委員会総会での議論も経ずに7大軍区を廃止し、5大戦区に再編するなど、軍に災いをもたらし、自ら長城を壊した」と批判している。

習近平主席は、確かに2016年1月に大規模な軍隊の再編を行い、総参謀部や総政治部など、それまで軍の中核となってきた組織を解体し、全ての機能を中央軍事委員会の直轄にする大変革を行った。それは、一般には制服組でない軍事委員会主席によるシビリアンコントロールの強化や、軍の統合運用と効率化、さらには腐敗防止などの効能が指摘されてきた。ただ、総参謀部や総政治部の廃止は、鄧小平氏といえどもできなかった力技の改革で、しかも、再編により30万人もの兵員が解雇されることから軍内部では相当な反発や抵抗があるとされてきた。この公開書簡を書いた人物の中には軍の関係者が含まれることを想像させる。

さらに公開書簡では五番目の過ちとして、個人生活の乱れが党や国家のイメージを損なったことを挙げている。そして習近平主席が福建省で働いていた時のスキャンダルや、それを暴露する本を出版しようとした香港の書店の関係者を捕えたことが、香港に対して言論の自由などを保証している「1国2制度」の原則を曲げたと批判される結果を招くなど、党や国家のイメージを傷つけたと非難しているのだ。

このように米国のブログサイトに書き込まれた習近平主席に対する第二弾の公開書簡の内容は、第一弾の書簡よりも、より具体的な例を挙げ、よりストレートに「過ち」を指摘している点が特徴と言える。これが本当に、中国国内の党や政府、軍などの機関で働く171人の共産党員によって書かれたのかどうか、その真偽を確かめることは難しい。また、書かれているそれぞれの問題に対して、それがどこまで「その通りだ」と肯定できるかを断定することも難しい。ただ、この文章は中国の人権問題や共産党の一党独裁体制それに少数民族支配などを鋭く批判してきた、海外の反体制中国人が書く内容とは明らかに異なっていた。むしろ中国共産党の独裁体制を肯定し、その中で党規約に則って集団指導制を維持せよという立場で書かれていると言え、中国国内に住む筋金入りの共産党員が書いたと見る方がふさわしいように思える。しかも、国内の内情に通じ、指摘している問題が、根も葉もない単なる誹謗中傷の類だと簡単に切り捨てられるほどでたらめなものだとも言い切れないのだ。誰が書いたかはともかく、中国国内の人々の間に同じような批判や不満が渦巻いている可能性が大きいと見るべきだろう。

こうした「辞任要求の公開書簡」が明るみになった後、習近平主席の発言は明らかに方針転換を示唆するものへと変わった。一方、中国共産党で党規約を学ぶ新しい学習運動が盛り上がり新たな権力闘争の火種がくすぶりだした。今、中国で何が起きているのか、そして今後どうなるのか、その詳細は第十四章で引き続き論じることにして、まずは、今回の習近平主席批判の発端となった、習主席のメディア支配や中国の言論統制の歴史について、振り返ることにする。

第三章　中国言論統制の歴史

中国建国以来の動き

中国は言うまでもなく中国共産党による事実上一党独裁体制の国だ。言論の自由も保障されていない。新聞、テレビ・ラジオの報道機関は、中国共産党の宣伝機関として位置付けられ「党の喉と舌」と言われてきた。そして、その基本原則は、今も昔も大きく変わってはいない。

ただ、中国の過去を見返すと、そうした中国共産党のメディア支配による言論統制が続く中でも、比較的自由にものを語れた「放」の時期と、厳しい言論統制が敷かれた「収」の時期との間を振り子のように行き来してきたことが浮き彫りになってくる。

そこでまず、そうした「放」と「収」が繰り返された過去の流れを簡単に振り返るとともに、習近平政権が発足当初からメディアに対して、「収」一辺倒の言論規制を強めてきた理由とその歴史的な背景を考えてみたい。

１９４９年の中国建国から１９７８年以降鄧小平氏が改革開放政策を打ち出すまでの、いわゆる毛沢東主席の統治時代は、基本的には中国共産党の宣伝機関としての新聞やラジオが言論・報道の中心となり、イデオロギー色の強い党の宣伝が重視された。この間、１９５６年から１９５７年にかけて毛沢東主席が自ら「中国共産党への批判を歓迎する」と発言し、比較的自由にものを語れる「百家争鳴、百花斉放」と言われる「放」の時期もあるにはあったが、すぐにその反動で、党を批判した人たちが粛清される反右派闘争がわき起こり、あっけなく挫折してしまった。その後は基本的に「収」の時代が続き、人民日報など「党報」と呼ばれる新聞や、国営のラジオやテレビは、党の宣伝を流し続けた。党を批判したり、党の方針と異なる見解を伝えたりすることは許されなかった。ただ、第八章に詳しく記すが、唯一、共産党の幹部だけが購読できた「参考消息」という新華社発行の内部向け新聞だけが、外国のニュースをかなり客観的に伝え、その中には、中国に対する批判も意外と多く含まれていた。これは、毛沢東主席が、「外国がどのように中国を罵るのか、党の幹部は知っておいた方がよい」として、外国からの対中国宣伝に対抗するための「ワクチン」としてその存在がみとめられたからだった。かような厳しい言論統制の中で、心ある知識青年たちは密かに短波ラジオを購入し、欧米や日本などからの放送を傍受して海外からの情報に聞き入っていたと筆者の古き友人たちは証言している。

改革開放以降の動き

1976年毛沢東主席が逝去し、一度は失脚した鄧小平氏が再復活した頃、「北京の春」と呼ばれる「放」の時期が到来した。「北京の春」は1978年の秋から翌年春まで半年ほどの短い期間ではあったが、北京の西の繁華街西単には、壁新聞を貼り付ける「民主の壁」が登場した。この時に貼りだされた壁新聞には、中国共産党による独裁支配を批判するものもあった。また中国に自由や民主をもたらそうとする言論も書かれたが、最先鋒とみなされ、政治体制の民主化を、四つの近代化（工業、農業、国防、科学技術の四分野の近代化）に続く第五の近代化と位置付けた魏京生氏が捕えられたことで、北京の春はあっけなく終息した。ただこの時期、中国中央テレビは外国テレビ局との合作に乗り出し、1979年から1980年にかけてNHKとシルクロードの取材制作を行うという新しい動きが生まれたことは注目できる。

その後、鄧小平氏の指名で胡耀邦氏が総書記に抜擢されると、中国は再び「収」から「放」の方向に向かい始めた。胡耀邦総書記は、言論の自由を尊重し、民主化運動にも理解を示そうとした。そして1986年5月、再び「百家争鳴、百花斉放」運動を提唱した。しかし、その年の秋には保守派の抗議で中断され、翌1987年1月に胡耀邦総書記が失脚すると、再び「放」から「収」へと引き締めが行われた。胡耀邦総書記も、海外の報道機関との合作に意欲的で、NHKが中国中央テレビとの合作で残留孤児をテーマにした「大地の子」の制作を実現できたのも、胡耀邦総書記の積極的な後押しがあったからだった。

首相の座から胡耀邦総書記の後任に選ばれた趙紫陽氏は、総書記としての地位を固めると再び「収」から「放」へと舵を切りかえした。1989年4月胡耀邦前総書記の死去をきっかけに北京で大規模な民主化運動が起こると、趙紫陽総書記はこれに理解を示す立場を取った。このため、中国のメディアも民主化運動のデモを報道したり、メディアに勤める職員や記者たちまでもが、民主化要求のデモに参加したりするという「異常事態」になった。それでも、デモに参加した学生たちは、人民日報や中国中央テレビの報道は「白と黒をあべこべに言うでたらめな報道をしている」と批判し、党の宣伝機関の役割を果たしている官製メディアを痛烈に批判した。だが、1989年5月、趙紫陽総書記が失脚し、北京に戒厳令が布告されると、事態は一変した。中国のメディアは民主化運動を「反革命暴乱」と規定し激しく批判。さらに6月4日に民主化運動を軍が武力で制圧するという天安門事件が起こると、中国メディアは全て武力制圧の正当性を訴え民主化運動の先頭に立ったリーダーたちを激しく批判した。

1990年代前半は、天安門事件の衝撃が尾を引いたことで、メディアに対する当局の規制は厳しかったが、90年代半ば頃からかなり様相が変わってきた。趙紫陽氏の後を引き継いだ江沢民総書記は、人々の目を政治問題から経済成長の方向にそらす政策を打ち出した。政治の民主化よりも経済成長こそが中国発展の道だと強調し、市場経済をさらに取り入れ企業同士で競争させることで高度成長を目指した。そして、それまで国や党の予算で経営してきた新聞やテレビ・ラジオも、広告収入など自らの経済活動で経営をするよう求めたのだ。その結果、中国中央テレビは、国営でありながらどんどんコマーシャルを流してカネを稼ぐようになった。また、「党報」として存在してきた人民日報をはじめとする主な新聞社は、「都市報」と呼ばれるタブロイド新聞を発行するようになり、報道機関の経営は商業化した。「都市報」は売れなければ経営が成り立たないため、読者が喜びそうな話題を次々と載せるようになり、いわゆる大衆ジャーナリズムが中国にも芽生えたのだ。当時中国は、天安門事件による海外からの非難を何とか乗り越え、1997年の香港返還や2001年のWTO加盟に向けて、「開かれた中国」を演出しようとしていた。言論規制も比較的緩和され、「収」から「放」の方向へと舵が切られた形になった。

2000年代に入ると、旧ソビエト連邦に属したジョージア（グルジア）やウクライナ、それにキルギスなどで「カラー革命」が起きた。中国当局はこれに警戒をしたものの、言論の自由に理解を示した胡耀邦元総書記の片腕と言われた共産主義青年団（共青団）出身の胡錦涛氏が総書記と国家主席になると、比較的自由な報道が許される方針が続いた。当時中国は、２００８年の北京オリンピック・パラリンピックと２０１０年の上海万博に向けて、やはり「自由で開かれた中国」を演出する必要があり、多少無理をしてでも、厳しい言論統制は避けようとする意向が垣間見られた。また、胡錦涛主席は、地方政府の不正を暴くため、メディアによる調査報道を容認する姿勢を取り、中国のジャーナリストの間には、正義を貫き不正を暴こうとする気持ちが芽生えていったのだ。胡錦涛政権の下では、各省庁の広報体制の整備も行われ、多くの報道官が登場し、頻繁に記者会見も開かれるようになった。

当時の中国の広報体制の変化で興味深い比較が行われている。一つは２００８年にチベットの中心都市ラサで起きた暴動。もう一つは翌２００９年に新疆ウイグル自治区の中心都市ウルムチで起きたウイグル族の暴動だ。ラサの暴動が発生した時には、中国当局は外国人を全てチベットから排除し厳しい報道管制を敷いた。一方、ウルムチの暴動では、北京に駐在している外国人記者を政府がウルムチに招き、取材拠点を提供したり、頻繁に記者会見を開いたりして情報を公開する方針を取った。単純な比較はできないが、ラサの暴動への当局の姿勢に国際的な批判が起きたことから、ウルムチでは一転して情報公開へと舵を切った感がある。ただ、それも当局が許容する範囲内での情報公開だった。

習近平政権誕生前夜の動向

そうした中国当局の柔軟な姿勢に新たな波紋を投げかけたのが、２０１０年から１２年にかけて中東やアフリカで起きた「アラブの春」と呼ばれる動きだった。

チュニジアやエジプトで独裁政権を倒したのは、インターネットで連絡を取り合い集まった若者達だった。ＳＮＳ（ソーシャル・ネット・サービス）革命と呼ばれるゆえんだ。チュニジアの革命は「ジャスミン革命」と呼ばれ、２０１１年2月には中国にも飛び火した。各地で「ジャスミン集会」への参加を訴える呼びかけがネットに掲げられ、北京では実際に多くの若者が集まり当局を慌てさせた。天安門事件のころまでは、民主化を訴える若者たちは大きな広場に集まったり、デモ行進を行ったりすることで互いの意思疎通を図っていた。

ところが、インターネットが急速に普及する中、わざわざそのような実際の行動をとらなくても、ネットの中にバーチャルの広場が存在し、何か事が起きた時に一気にそれが実際の世界に表面化するという新たな時代を迎えたのだ。

２０１２年11月に総書記に選ばれた習近平氏は、下手をすれば政府転覆まで引き起こしかねないインターネットと言う新たな言論空間が中国にも生まれつつある中で、いかにして反政府の声を封じ込め、中国共産党の支配体制を維持するかという新たな挑戦に当初から直面することになったのだ。

第四章　「南方週末」の元旦社説すり替え事件

事件の概要

習近平政権は、発足当初からメディア規制とこれに抗議するジャーナリストへの対応という手痛い洗礼を受けることになった。

その事件は2013年1月、南部の広東省で起きた。広東省で人気がある「南方週末」という週刊発行の新聞で、1月4日付の紙面に掲載された新年の社説が、事前に執筆担当記者が書いたものとはまったく異なる内容にすり替えられ発行されたという事件だった。

当時、習近平氏は前年秋の党大会で既に党総書記に選ばれ、事実上最高指導者の地位には就いたものの、2013年3月の全人代で国家主席に就任する前という中途半端なタイミングだった。

本来掲載される予定だった社説は「中国の夢、憲政の夢」と題するものだった。「中国の夢」というのは、習近平総書記が打ち出した新しい方針で、タイトルだけを一見すると共産党の意向に沿うもののようにも見えたが、記事の本音はタイトル後半の「憲政の夢」に重きが置かれていた。リズム感のある文学的な抽象表現や、改革開放政策の成果などの具体的な事実を巧みに折り混ぜ、中国共産党やその政策を直接批判することを避けながら、西側の政治システムのような立憲政治体制を実現しなければ、強い国づくりはできないという結論に導くものだった。つまり全体を通して読めば、憲政を実現することこそ、中国の夢なのだという主張が心に染み入るように感じ取れる文章に仕立てられていたのだ。社説に書かれた内容を全てご紹介すると、焦点がやや散漫になる恐れがあるため、執筆者が一番強調したかったと考えられる核心的な部分の要約を簡単に記すと以下のようになる。

「憲政を実現し、権力を分散してこそ、公民たちは公権力を大声で批判できるようになる。またそうなれば誰もが内心の自由や信仰の自由を保障されることになり、そうしてこそ我々は自由で強大な国家を作り上げることができる。憲政の夢が実現してこそ、皆が一人一人個人の美しい夢を見ることができるのだ」

「夢を実現するためには、自ずと世界の経験を吸収すべきだ。だからギリシャの民主やローマの法治を詳しく見つめ、イギリスやアメリカの憲政制度を手本とし、近代的な科学技術文明に追いつかなければならない」

この社説は担当者が執筆後、当局の事前検閲もパスし、２０１３年1月1日早朝には印刷ができる状態になっていた。ところがその日の夕方になって、広東省党委員会宣伝部が、南方週末の編集部の中でも体制寄りの編集者を呼び出し、記事を差し替えるように要求した。これを受けて、翌2日に社説の差し替えを編集部が行ったが、社説の担当者は休みで不在だったというものだ。差し替えられた新しい社説は、「我々はいつの時代より、民族復興という偉大な夢に最も近づいている」という現状肯定的なもので、元の社説とはその趣旨が「ま逆」の内容だった。刷りあがって売り出された新聞を手にして一番驚いたのは、元の社説を執筆した担当者だ。知らぬ間に自分の書いた社説が、一部の編集者の手で別のものにすり替えられていたことから大騒ぎになった。

発行の当日、南方週末の編集者や元記者などおよそ50人が連名で抗議する声明をネット上に公開した。この声明では、当局の検閲を受け一度は許可された記事が、執筆者の知らない間に不当に差し替えられたことへの徹底調査と、広東省党委員会宣伝部の責任者の謝罪と辞任を求めた。記者たちは差し替えられる前の社説をネットにアップしたり、ストライキを行なったりするなど徹底抗戦の構えを取った。中国で一つの新聞社に所属するジャーナリストが集団で、当局に正面から抗議し、ストライキなどの実力行使に出たことは、極めて異例で、総書記になったばかりの習近平氏にとっても、大きな衝撃だったに違いない。

「環球時報」の反撃

北京ではこの問題が浮上したまさにその２０１３年1月4日に、全国の宣伝部長を集めた会議が開かれていた。会議では、さっそくこの問題が取り上げられ、党中央指導部は報道機関が党の意見に従うよう各メディアに求めたのだ。これを受けて、人民日報傘下のタブロイド紙「環球時報」は、権力に真っ向から対抗する姿勢を見せた南方週末の記者や編集者たちを強く批判する社説を1月7日付の紙面に掲げ、「中国では報道機関が当局と対抗すれば必ず負けることになる」と警告した。ここでその社説の趣旨を一部ご紹介することにしよう。

「今日の中国の社会と政治の現実の下では、あの人たちが内心求めているような『自由なメディア』など存在しえないことは常識だ。中国のあらゆるメディアの発展は、中国の大きな現実に相応したものでなければならない。メディアの改革は、中国全体の改革の一部分でなくてはならず、メディアは中国の『政治特区』には決してなり得ないのだ」

「西側諸国でさえも、主流メディアが、政府と堂々と対抗する道を選ぶことはあり得ない。まして中国でそのようなことをすれば、必ずや敗者となるだろう」

この社説を載せた「環球時報」は、中国の新聞の中でもタカ派の論調で知られる有名タブロイド紙だが、極論も多く掲載していたため、中国の新聞の中では特異な存在と見られてきた。ところが中国当局が、すぐさまその社説を、他の新聞にも転載するよう各メディアに要求したことから、さらに波紋が広がった。もともとは南部の広東省で起きたもめごとが、中国全土の新聞社にまで拡散する結果になったのだ。

各新聞は翌8日から、党の指導に従い環球時報の社説を転載し始めたが、それぞれの新聞社のジャーナリストたちは、かえって南方週末で起きた事件に注目するようになり、中国のマスメディアの在り方に新たな問題意識を抱くようになった。普段、何かと強硬な意見を売り物にしてきたタブロイド新聞の社説を、自分たちの紙面に掲載することに対しても、抵抗を感じた記者や編集者が少なくなかったに違いない。実際、北京では環球時報とライバル関係にあった有力タブロイド紙の「新京報」の社長が、社説の掲載を押し付けられたことに抗議して辞任を表明する騒ぎにもなった。

騒ぎが大きく広がったことで、中国当局は事態収拾のため、南方週末側に対して、当面「事前検閲は差し控える」との方針を示さざるを得なくなった。だがこの時、習近平指導部にとっては、この事件に触発され今後ますます政府との対抗色を強める可能性が強まった中国全土のジャーナリストたちをどう抑え込むかが最大の課題になった。そして、この事件を端緒に、新たな言論統制の仕組みづくりが着々と進められることになったのだ。

タブー視される「憲政政治」

差し替え問題に発展した南方週末の社説は、確かに、「三権分立など西側の政治制度は導入しない」という方針を貫いてきた中国政府の方針とは異なるものだった。ただ、中国当局が、一番警戒をしたことは、「憲政」政治を求める要求だったのではないかと筆者は考える。

憲政とは「憲法に基づいた政治をする」という意味であるから、そのこと自体、中国共産党の最高指導部もあからさまに反対することは難しい。中国にも立派な憲法があり、その憲法に則って政治を行うことは、至極当然のことであり、要求としても何ら誤ったものではないからだ。中国共産党の最高指導部といえども「憲法の条文を侵犯する政治を行う」などとは口が裂けても言えないはずだ。だが、実際はどうだろうか。

中国憲法の第35条には次のように書かれている。

「中華人民共和国公民は、言論、出版、集会、結社、行進及び示威の自由を有する」

驚かれた方もいらっしゃるかもしれないが、中国では、「言論の自由」も、「出版の自由」も、「集会の自由」も「結社の自由」も、「デモの自由」も建前上は全て憲法で保障されているのだ。もしこの憲法の条文を突きつけられたら、「今日の中国の社会と政治の現実の下では、あの人たちが内心求めているような『自由なメディア』など存在しえないことは常識だ」などと主張する環球時報の社説の論拠は吹き飛んでしまうことになる。実は、この点こそが、中国共産党の最高指導部にとっても、中国政府にとっても最も大きな頭痛の種になっているのではないかと推察する。だから「憲政＝憲法に基づく政治をする」ことを主張することは、中国では半ばタブー視されている。とはいえ逆に、「憲法に基づかない政治をする」と大胆に宣言することもままならない。まさに大きな矛盾の中に存在しているというのが現実の中国の姿と言えるのだ。

本来、南方週末問題に対する党としての公式な反論を出すのであれば、正々堂々と中国共産党の機関紙「人民日報」の社説にすればよかったはずだ。中国で最も権威がある「人民日報」

の社説を、他の新聞に転載することは、前例もあり、他社からもさほど大きな抵抗は起こらなかったであろう。ところが、転載を命じられた社説は、「人民日報」本紙ではなく、傘下のタブロイド紙「環球時報」に掲載されたものだったのだ。さすがに人民日報は、憲法の条文に背くような主張を掲げられないという判断があったのかもしれない。

こうした矛盾の中で、習近平時代の言論規制は最初の一歩を踏み出したと言える。つまり、南方週末の元旦社説すり替え事件をめぐる一連の騒動こそが、その後3年以上にわたって段階的に強められた習近平政権のメディア支配の原点になったようだ。

第五章　動き出した習近平政権と言論規制

行政機構改革で規制を一本化

2013年3月の全人代で、習近平氏は予想通り国家主席に就任し、党、軍、国家の3権を全て掌握する形となった。そしてこの全人代で、習近平政権の最初の言論統制策が打ち出された。それは、国務院機構改革によって新聞出版と放送の管理を一括しようというもので、具体的には、新聞や雑誌それに書籍の出版を統括してきた「国家新聞出版総署」と、放送や映画を統括してきた「国家ラジオ・映画・テレビ総局」を合併させ「国家新聞出版ラジオ・テレビ総局」という組織に統合した。これは、それぞれのメディアに流れる情報を一つの役所で一括管理することで、中国共産党中央宣伝部によるメディア支配の流れを均一化し、漏れが起こらないよう強化する狙いがあったものとみられる。

新たに発足した「国家新聞出版ラジオ・テレビ総局」は、2013年4月16日、さっそく「各ニュース部門は、外国のメディアやネットのニュースを勝手に使用してはならない」と通達し、メディア各社に対する監督のグリップを強めた。テレビ局が海外のテレビ番組を放送する際には総局の事前認可を得ることも求めたという。また、各ニュース部門が公式ミニブログを開設する場合は、上部監督組織の支持を仰ぎ、ミニブログの管理も特定の人を指定することを求め、問題が起きた時に責任を追及できるようにした。

引締め通達第一弾

2013年4月22日には、中国共産党中央弁公室が「現在のイデオロギー領域の状況に関する通報《关于当前意识形态领域情况的通报》」(9号文件)という通達を全国に出し、イデオロギーの面で以下の7項目について「危険思想」だとして提示し警戒と根絶を呼びかけたとされる。

(1) 西側の憲政民主の喧伝。
(2) 普遍的価値の喧伝。
(3) 市民社会の喧伝。
(4) 新自由主義の喧伝。
(5) 西側の報道観の喧伝。
(6) 歴史的ニヒリズムの喧伝。

（7）改革開放に対する疑念。

このうち（1）の「西側の憲政民主の喧伝」とは、現在の中国共産党による指導体制と中国の特色ある社会主義政治制度を否定するものだと位置づけられた。

また、（2）の「普遍的価値の喧伝」とは、米国などが求める人類共通の普遍的価値観を中国に求めていることへの反発と見られ、共産党執政の思想的・理論的基礎を動揺させるものと位置付けられている。

（3）の「市民社会の喧伝」とは、共産党執政による社会的基礎の瓦解をめざすものだと警戒されている。

さらに（4）の「新自由主義の喧伝」とは、中国の基本的な経済制度を改変しようとするたくらみとされている。

そして（5）の「西側の報道観の喧伝」とは、党によるメディア統制の原則と新聞出版管理制度に挑戦する動きだとされている。

さらに（6）の「歴史的ニヒリズムの喧伝」とは、中国共産党の歴史と新中国の歴史の否定を狙うものだとされている。

また（7）の「改革開放に対する疑念」とは、中国の特色ある社会主義の性質に対する疑念を生じさせるものだとしている。

もうお気づきかもしれないが、これらの項目はその年の1月に差し替えられボツにされた南方週末の元旦社説「中国の夢、憲政の夢」を強く意識したものと考えられ、そこで訴えられている内容を、いわば「危険思想」として全面否定する狙いが込められていたように見える。「憲政」そのものを否定できないことから「西側の憲政民主」を否定する形にしている点も興味深い。

「七つのタブー」の謎

そしてこの通達を反映したのだろうか5月になると、中国国内の大学に「講義してはならない七つのタブー（七不講）」という文書が出回ったとされ、その内容がネットにアップされた。そのネット情報によると、教えてはならない「七つのタブー」とは（1）人類の普遍的価値（2）報道の自由（3）公民社会（4）公民の権利（5）党の歴史的錯誤（6）特権資産階級（7）司法の独立だとされた。

（1）の「人類の普遍的価値」については、これを語りだすと、米国などが主張する中国国内の人権侵害が話題になる恐れがあることを警戒したものだと言われる。また、（2）の「報道の自由」については、当局が進めようとしている言論統制の大きな妨げになることを警戒したものに他ならない。（3）の公民社会については、国民に公民意識を根付かせることで、人々がデモや抗議活動などの政治活動を行う事を危惧したものではないか。さらに（4）の「公民の権利」とは、国民が強い権利意識を持つことによって、一人一票を原則とする民主主義制度を求めることを警戒したものと考えられる。また（5）の「党の歴史的錯誤」とは、多大な死傷者を出した文化大革命や天安門事件など党が残した負の遺産を語ることで、中国共産党批判がわき起こることを警戒したものと見られる。

また（6）の「特権資産階級」とは、党や政府などと癒着して巨大な資産を手にしている既得権益層が批判されることを恐れたものと見られ、反腐敗キャンペーンで当局が摘発したケース以外については、勝手に不正が暴かれることを嫌ったものとみられる。（7）の「司法の独立」については、西側のような三権分立制度を取らないと明言している党の方針に逆らうものと考えられたが、実は、この部分は党中央の意向とはズレを招くことになった。

ただこの「講義してはならない七つのタブー」は、その文書の内容がインターネットに掲げられたため、それを見た教師や学術研究者たちから大きな反発の声が上がった。政治活動であるならともかく、純粋な学術研究の場にそのような規制を設けることはおかしいという意見が相次いだのだ。このため、配られた通知は全て回収され、「無かったことにされた」のだという。

　実際、日本のジャーナリスト訪中団が、中国の地方政府の宣伝部門の担当者と面会する機会があり、単刀直入に「七つのタブー」について尋ねたところ、それまで穏やかに対応していた担当者が、にわかに顔を真っ赤にして大声を上げ、「あなたはその文書を自分の目で見たことがあるのか？」と詰問したのだ。尋ねた記者が「ネットで見た」と答えたところ、「あなたが実際に見たことがないものには答えられない。そんなものは存在しない」とにらみつけた。筆者は実際にその現場に遭遇したので強く印象に残っている。中国では「七つのタブー」の方は存在しなかったことになっているようだ。ただ、本当に存在していなかったのなら、そこまで牙をむき出しにして怒らなくてもよいのではないかと感じた。最初から何もなかったのなら、「あなたの言っている七つのタブーとは何のことですか？　きっとデマに騙されたのではないでしょうか。私は、そんなものは見たことも聞いたこともありませんよ」と笑って答えられたはずだと思う。

　いずれにしても、もしネット上でいわれているように、その文書が存在し、当局が慌てて回収したということになれば、それは学者たちが抗議したからという理由もあり得るかもしれないが、筆者はもう一つ別の理由があるのではないかと分析している。

それは、中国共産党の通達の方にはまったくないのに、「七つのタブー」では強調されている（7）の「司法の独立」が含まれていたからではないかと言う見方だ。実は、「司法の独立」自体は、西側の三権分立に直接つながる動きとは必ずしも言えない。中国では特に地方で、警察や検察それに裁判所が、地元政府と癒着しているケースが多く、住民が地方政府の権力乱用を司法に訴えても、逆に訴えた住民側が処罰されるという本末転倒の事件が結構起きていた。このため、中国共産党は、少なくとも地方における行政と司法の癒着を取り除くために、「法治」主義を旗頭に司法改革を進めようとしていたのだ。司法の独立は、その司法改革の過程において必要な概念でもあった。そうした動きを踏まえずに「司法の独立」は危険思想だから教えてはならないと通達した文書がもし本当に存在したのであれば、やはり撤回して回収する手段に出たはずだと考えられるのだ。

第六章　ジャーナリスト30万人の大研修

前代未聞の大研修

2013年6月18日、中国共産党の中央宣伝部と国家新聞出版ラジオテレビ総局それに中国記者協会が連名で、全国の報道に関わる記者や編集者全員を対象に「マルクス主義ニュース観の研修」を行うよう通達を出した。《「ニュース戦線においてマルクス主義ニュース観研修を深く展開することに関する意見」(中国記者協会通達第16号)》

中国には報道に関わる記者や編集者は合わせて約30万人いると言われる。そのすべてに「マルクス主義ニュース観」を学習させ、これをマスターしなければ報道の仕事に携わることを認めないという厳しい方針だった。そもそも、「マルクス主義ニュース観」とはいかなるものであろうか。

日中の報道関係者は、本音ベースで意見交換をする交流会議を、様々な形で実施してきた。このうち都内で開かれたある意見交換の会議では、この「マルクス主義ニュース観」とは何か日本側から中国側に尋ねる質問が飛び出した。

ある日本側の記者が、「中国政府や中国共産党は、マルクス主義ニュース観をジャーナリストたちに植え付けようと、30万人以上を対象に、大規模な研修をやり始めたと聞いたが、一体、ジャーナリストたちに何を求めたのでしょうか。そもそもマルクス主義ニュース観とは何でしょう」と質問をしたのだ。すると、この質問を聞いた中国側参加者らの顔が一瞬蒼白になり、強張る様子がはっきりと見てとれた。しばし、誰も答えようとしない沈黙の後、ようやく、中国側参加者の一人が重い口を開いて語り始めた。「それは、中国では、時として、ふさわしくない報道が行われることがあるので、そのようなことがないように、正しい報道を行えるように指導しようというものです」

研修が行われていること自体は認めてくれたのだが、その答えは、即座に納得できるようなものでは到底なかった。

研修強行のスケジュール

インターネットで調べていくと、地方の省レベルで行われる研修の目標や具体的なスケジュールが判明した。

まず研修の目標については、（1）マルクス主義ニュース観の重要性と必要性を認識させること。（2）マルクス主義ニュース観の内容を理解させること。（3）マルクス主義ニュース観に基づき任務を遂行できるようにすることとあった。3項目に分けられてはいるが、一言でいえばつまるところ（3）が研修の目的と言うことになろう。

そもそもマルクス主義ニュース観とは何かが分からない段階で、この目標を理解することは難しい。とりあえず、「共産党の望む方向に世論を導くシステムを整え、研修後の試験で問題のある記者を排除するなど、記者の資格制度を厳格にすること」が本来の目的ではないかと筆者は読み込んでみた。

次に、研修の実施対象とそのスケジュールについては以下のように記されていた。

対象：すべての新聞社、ラジオ局、テレビ局、ニュースネット、雑誌社において取材、編集、制作、論説などの要員を対象に3段階に分けて実施

第一段階　2013年7月〜8月　組織的な準備

各地方党委宣伝部、新聞工作者協会が「重要世論陣地指導幹部研修班」と「ニュース戦線マルクス主義ニュース観研修ネット教室」を組織し、各メディアに対する

研修の準備工作を行う。

第二段階　２０１３年８月～11月　研修の実施

「各級位に分かれ、それぞれ責任を持ち、死角を残さず、実効性を求める」を原則とし、主に授業方式で研修を実施する。講師はあらかじめリストアップされたベテラン新聞工作者の中から選び、各級の党宣伝部、ニュース機関責任者が率先して授業を行う。

第三段階　２０１３年10月末～1月中旬　検査と総括

研修の実施状況に対して監督と検査を行い、しっかり行われたことを確認。

２０１４年1月中旬に、研修を行った単位名、研修人数、研修内容、審査結果などの状況を書面で省記者協会秘書処に報告する。

どうやら研修は２０１３年の夏から秋にかけて実施されたようだった。さらに取材を進めるうちに、筆者は研修に使われた実際の教材と研修最後に行われる試験対策の模擬テストを手に入れることができた。

教材から見えてきた研修内容

「新聞記者研修教材2013」と題された教材は、上、下2巻に及び、字数にして70万字にも及ぶ膨大な量のものだった。さらにテレビのビデオ教材まで六つ付いているとされたが、ビデオ教材までは手に入らなかった。それにしても、これほどの教材を一体誰がどのようにして作成したのか、その担当一覧を示すと以下のようになる。

教材編集指導委員会
主　任：柳斌傑　全人代教科文衛委主任委員
副主任：呉恒権　党中央宣伝部副部長
蒋建国　国家新聞出版ラジオテレビ総局　党委書記
李　偉　北京市市委宣伝部長
翟恵生　中華全国新聞工作者協会党組書記

教材編集専門家委員会

主　任：唐緒軍　社会科学院新聞及び傳播研究所長
委　員：14人　人民大教授、京華時報元社長、新華社、地方宣伝部門幹部など
教材編集委員会事務局
　主　任：王国慶　国家新聞出版ラジオ・テレビ総局ニュース新聞雑誌局局長
　　メンバーは国家新聞出版ラジオ・テレビ総局、中央宣伝部の事務方
執筆グループメンバー
　朱鴻軍　社会科学院新聞及び傳播研究所副研究員
　朱輝宇　中央党校哲学教研部副教授
　張洪忠　北京師範大学芸術及び傳媒学院副教授
　張志安　中山大学傳播及び設計学院副教授
　周　俊　中国人民大学新聞学院副教授
　唐遠清　中国傳媒大学新聞傳播学部新聞学院副教授

「中国共産党中央宣伝部」と「国家新聞出版ラジオテレビ総局」、それに日本の新聞協会にあたる「中華全国新聞工作者協会」が音頭を取り、政府のシンクタンクである「社会科学院」や中国共産党の学校「中央党校」、そして中国人民大学や中国傳媒大学などメディア報道を研究

している代表的な大学の学者グループが中心となって執筆していることが分かる。次に教材の中身を目次の形でざっと記すと以下のようになる。

教材の中身

上巻

第一部分　研修課程

1．中国の特色ある社会主義

2．マルクス主義ニュース観

3．ニュース倫理

4．ニュース法規

5．ニュース取材編集規範

下巻

6．誤報の防止

第二部分　学習参考資料

第三部分　マスメディアの取材編集管理規則

第四部分　練習問題（模擬試験）

「新聞記者研修教材2013」

教材に書かれた学習項目を見ると、まず「中国の特色ある社会主義」を分厚く学ぶ形になっている。そこからは、「西側の憲政民主主義」に惑わされないよう、中国独自の政治システムの在り方を記者や編集者たちに徹底的にたたきこもうという意図が感じられた。中国の特色ある社会主義については、これまでにもさまざまな書籍を通じて公にされてきたのでここでは深入りしないことにする。

「マルクス主義ニュース観」とは何か

続いて中国のジャーナリストたちが学んだのは、研修の目玉ともいえる「マルクス主義ニュース観」だ。まさにこれを学べと言うことで行われた研修なのだが、実はこれこそが複雑で難解きわまりない内容だった。研修を受けた中国の記者やジャーナリストも、よほどの秀才でない限り、頭を悩ませたのではないかと思う。いかにわかりにくいかをこれからやさしくご紹介してみよう。

中国のジャーナリストたちは、まず教材に沿って、「マルクス主義ニュース観」の概論から入り、次に基礎としてマルクスとエンゲルスのニュース理念を学ぶ。続いてその発展として合わせて中国共産党のニュース思想を学ぶことになる。そして最後に、「改革開放以降のマルクス主義ニュース観」を学んで総仕上げをするという順番になっている。

最初に学ぶ「マルクス主義ニュース観」概論で、冒頭に説明されるのがそもそも「マルクス主義ニュース観とは何か」というテーマだ。興味深いことに、説明は「マルクス主義ニュース観は無味乾燥で役立たないものだろうか」という問いかけで始まる。絶対多数の中国人ジャーナリストたちが「そのようなものを学んで何の役に立つのか」と反発していることを前提にしているかのような書き出しだ。そして、初っ端から彼らが抱いているだろう「三つの誤解」の弁明が行われる。

（1）「マルクス主義ニュース観」は「説教である」という誤解。
（2）「マルクス主義ニュース観」とは「時代遅れである」という誤解。
（3）「マルクス主義ニュース観」は「役立たない」という誤解。

郵便はがき

料金受取人払郵便

小石川局承認

5509

差出有効期間
平成30年7月
26日まで

112-8790

085

（受取人）
東京都文京区小石川 3-1-7
エコービル

㈱展望社行

フリガナ		男・女
ご氏名		年齢　　歳
ご住所	〒 ☎（　　）	
ご職業	(1)会社員（事務系・技術系）　(2)サービス業 (3)商工業　(4)教職員　(5)公務員　(6)農林漁業 (7)自営業　(8)主婦　(9)学生（大学・高校・中学・専門校）　(10)その他　職種	
本書を何でお知りになりましたか	(1)新聞広告　(2)雑誌広告　(3)書評　(4)書店 (5)人にすすめられて　(6)その他（　　）	

愛読者カード

「覇王習近平 メディア支配・個人崇拝の命運」

■お買い上げ日・書店

年　　月　　日　　　　市区町村　　　　　　　書店

■ご購読の新聞・雑誌名

■本書をお読みになってのご感想をお知らせください

■今後どのような出版物をご希望ですか？ どんな著者のどんな本をお読みになりたいですか（著者・タイトル・内容）

これらの誤解について、項目ごとに釈明が綴られていたが、単刀直入に「マルクス主義ニュース観」とはがいかなるものかを語っていないため、何かもやもやとしてキツネにつままれたような感じになった。

続いて、「マルクス主義ニュース観」と一般のニュース理論とはどう違うかという、他との比較で語るような説明が続き、さらに以下の4点が「マルクス主義ニュース観」の定義として語られている。筆者はここまで読んで、ようやく本論にたどりついたのかと安堵したのだが、その定義たるやあまりに漠然として腑に落ちないものだった。

（1）マルクス主義ニュース観とは一つの開放と発展の思想体系である。
（2）マルクス主義ニュース観はニュース発信の一般規則に従うものである。
（3）マルクス主義ニュース観とは多次元構造的体系である。
（4）マルクス主義ニュース観はマルクス主義の基本原理とその時々の歴史条件に依拠してニュース領域を理解するものであり、指導者の語録を集めたものでは決してない。

四つの定義は、またしても抽象的な概念のオンパレードで、「〇〇ではない」と言うところだけは、比較的率直にその主張が伝わってくるが、それでは結局何なのか、一言でいったらどうなるのかを説明しようとすると、頭をひねらざるを得ない。教材の中身をこれ以上書き連ねると、読者にこの本を閉じられてしまうことを恐れ、「マルクス主義ニュース観」について、その説明内容を詳細に書き記すことはひとまずここまででやめにする。ただ、抽象的な概念があまりに多く、取材活動という実務との結びつきがわかりにくく難解な内容だとお分かりいただけたであろう。

時期的に研修が終わった後に開かれた日中の記者交流の場で、日本側から「マルクス主義ニュース観とは何か」と問われた中国人ジャーナリストの顔が一瞬青ざめたのも、自ずと納得できるのだ。まあ筆者ならそう問われたら、恥を忍んで「一応勉強したけれどよくわからなかった」と率直に答えたと思うのだが、メンツを何より重んじる中国人ジャーナリストにとってはそのような答えは絶対口にできなかったようだ。何よりその問いにきちんと答えられなければ、中国では、ジャーナリストとしては「失格」という烙印を押されてしまう。さりとて、答えようにも、相手を一言で納得させられるような説明など土台無理だったのだ。

ただかように「漠然としてむずかしい」ことばかりを書き連ねても意味がないので、本書では、独断と偏見をお許しいただき、筆者が無い知恵を絞ってひねり出した「マルクス主義ニュース観」の解釈を蛇足で記しておくことにする。

「マルクス主義ニュース観」とは、マルクスとエンゲルスや中国共産党のニュース理論に、メディアの規律、客観性、世論形成などの要素を多層的に取り込んで構成された概念である。

つまり、実際の運用面では、「単に事実を伝えればよい」ということにはならず、伝える内容がマルクス主義や中国共産党の理論、およびメディアの規律と符合するかどうか、また世論を導くという観点から、マイナスの影響を与えない配慮が出来ているかどうかをしっかりと念頭に入れたうえで、そうした全ての要素を踏まえて記事を書き報道すべきだというニュース感覚だ。

分かりやすかった「ニュース倫理」

中国のジャーナリストたちが、難解な「マルクス主義ニュース観」の学習を何とか乗り越えると、次に「ニュース倫理」を学ぶことになる。こちらの方は、「マルクス主義ニュース観」とは打って変わってよくわかる内容で、きわめて実用的な研修教材であると筆者は実感した。

興味深いのは最初の「基本説明」の後に続く「ニュース倫理の規範に背く行為」という項目だ。

真っ先に取り上げられているのが、中国で流行りの「有償ニュース」だった。「有償ニュース」とは、記者が取材先から何がしらかの報酬を受け取って記事を書くというもので、有名企業が新製品の説明などを記者会見で発表する場合は、訪れた記者たちに「車代」として現金や新製品の実物などを渡すことが、「知る人ぞ知る常識だ」とさえ言われてきた。

実際、企業側にしてみれば良い記事を書いてもらえばそれだけ宣伝効果も大きいため、けっこう大盤振る舞いしてきたと言われている。筆者も、中国南部で開かれたある記者会見で「100元（日本円約1700円）」を記者たちに配ったところ、「少なすぎる。これではいい記事は書けない」と、車代を「増額」する交渉をしてきた記者もいたという話を耳にしたことがある。

さて、その「有償ニュース」について、教材では、実質的に一種の不当利益だとして、腐敗行為にあたるとはっきり認定している。そして記者が何を受け取れば不当利益になるのかが、実例として多数列挙されているのだ。

まず「車代」、「サービス料」、「食事代」などの名目で現金や有価証券、ショッピングカードなどを受け取ることは最も典型的な「有償ニュース」だと断じている。

また取材先から、レストランやコンサート、ナイトクラブなどに招待されるケース。

新聞社などが報道の見返りに特定の会社や個人に経済活動の面での便宜を図らせたりする

ケースや、相手にとって都合の悪いニュースを出すぞと脅して金品を受け取るケースも「有償ニュース」として例示された。

教材の説明によると、中国では１９８０年代から『有償ニュース』という行為が現れるようになり、90年代になるとますます勢いを増したという。１９９４年には、多くのマスコミが某会社に丸め込まれ、北京地区だけでもメディア22社がその会社の宣伝報道をするという事件も起きたそうだ。記者の中にはその会社から、一回原稿を書いて掲載するごとに２０００元（日本円約３万４０００円）から１００００元（同約17万円）の不当な金を受け取っていた者もいた。「金を出せば報道し、良くないことも良いことだと逆に伝える」、「金の額が大きければ大きく報道し、額が少なければ小さく報道し、金を出さなければ報道しない」という風潮が横行していたとも書かれている。

中国のジャーナリストたちは研修を通じて、そうしたやり方は、「ニュースは真実に基づき、客観的かつ公正的でなければならないという原則に完全に背き、人民に奉仕するという根本的な趣旨から逸脱し、報道機関に対する信用を著しくそこなうものだ」と教え込まれたようだ。

教材では、当局が「ニュース報道の活動の中に存在する不正の風習を一歩一歩取り除いている」との表現で、今もなおそうした悪い風習がはびこっていることをほのめかした。

中国のジャーナリストたちは、続いてニュース倫理を失するものとして「低俗ニュース」について学ばされたようだ。

「低俗ニュース」は、(1) ひたすら娯楽を追求するもの。(2) ひたすらスターを追い求めるもの。(3) ひたすらホラーを追求するもの。(4) ひたすら性描写を追求するもの。(5) ひたすら猟奇性を追求するもの。(6) ひたすら醜悪さを追求するものと分類されていた。

NGニュースの実例

もちろんこうした分野でも、娯楽番組なら度を超さなければ許されるものもあるだろう。ただ、ニュースとして伝える場合には配慮が必要だということには筆者も同感する。実は、中国のテレビでは、かつて大事故や戦争などを紹介するニュースで、死体や息絶え絶えになっている重傷者の姿が映し出されることがよくあった。鉄道の駅前には、飛び込み自殺をした人や、爆弾で自爆した人などのむごたらしい遺体の写真が大きく掲げられているのを目にしたこともかつてはあった。ニュース倫理の研修効果があってか、最近ではあまり見かけることがなくなったように思えるのだが気のせいだろうか。

中国のジャーナリストたちは、さらに「ニュース法規」「ニュース取材編集規範」「誤報を防止する」という項目を勉強したようだが、教材を見る限りこれらの内容は、比較的マトを射た説明が多く、具体例が多く紹介されていたので大いに参考になった。

中でも興味深かったのは、説明として付け加えられた具体例だ。そんなこともあったのかと驚くような「悪しき例」が多数紹介されていたのだ。

例えば、２０１２年11月に江蘇省の教育テレビがとんでもない番組を流したという。中国で有名な干露露というセクシーモデルの女性親子３人組が、セクシーな格好で走り回る姿を放映したのだ。夜の深夜番組ならともかく、教育テレビで流したということで大騒ぎになったという。教材では、この放送によってこのテレビ局は世論の厳しい非難を受けたと書いてあり、「社会秩序を守ろう」と訴えている。

またニュースと著作権の教材では、２０１１年、ある中国青年報の記者が、自分の書いた記事がどこに転載されているかを調べたところ、なんと７８６件の記事が勝手に使われていることが分かったという。この記者は結局、損害賠償訴訟を起こして４２００元の賠償金を勝ち取ったという例も紹介している。

このほか日本でも一時、話題になった北京のテレビ局による「段ボール入り肉まん」捏造事件や、湖南省のテレビ局が、森の中に虎の大きな写真を置いて撮影し、絶滅したはずの「華南トラ」を発見したとでっち上げた事件も例示され、誤報を防止するよう求めている。

これらの例を見ると、日本なら、独立した第三者の立場から対応する放送界の自律機関、「放送倫理・番組向上機構（ＢＰＯ）」で取り上げられるような、ひどいものが多かった。そうした報道をしてはならないと教えた点では、評判の悪い「ジャーナリスト研修」も、まったく無意味であったとは言えないのかもしれない。

中国人記者が受けた試験問題とは

中国当局による大掛かりな「ジャーナリスト研修」の後、30万人の記者たちが、仕事を継続するために、実際にどのようなテストを受けたのか、その中身を知ることは難しい。ただ、研修教材は、最後の１００ページ余りを割いて、模擬テストともいえる練習問題を数多く掲げていた。一度に大勢の答案を採点しなくてはならないからか、全て記号で選ぶ選択問題で、一つの質問に対して一つの記号を選ぶものと、一つの質問に対して複数の記号を選ぶものに分かれていた。おそらくこの練習問題に近い問題が出題されたのだろう。

練習問題を実際に解いてみると、これが意外と難しく、頭をひねらざるを得ない難題が連なっていた。ここで、その内容を少しご紹介し、中国のジャーナリストがどのような資格試験を受けたのか、その雰囲気を察していただければと思う。

まず、中国の特色ある社会主義についての練習問題。最初の第1問は、

「中国の特色ある社会主義の本質的な属性には以下のどれが含まれているか一つ選べ」

A．社会和諧（社会の調和）
B．生活小康（少しゆとりのある生活）
C．全面小康（全面的にゆとりのある生活）
D．四つの現代化

最初の第1問からして筆者は答えられなかったが、解答によるとAが正解だそうだ。

次の問題も結構難しい。

「習近平同志が、中国の夢を実現するために必ず歩まなくてはならない道だと指摘したのはどれか一つ選べ」

A．中国の特色ある社会主義
B．現代化
C．平和発展
D．改革開放

筆者は全て当てはまるのではないかと思ったが、解答によるとAが正解。ということは、中国の夢を実現するために平和発展の道は必ずしも歩まなくても良いということになるのだろうか？

続いて、マルクス主義ニュース観に関する問題。メディアの管理についてこんな問題も出されていた。

「習近平同志が2009年3月中央党校で行った演説の中で指摘したメディアとの付き合い方は次のうちどれか一つ選べ」

A．メディアと密接な関係を保持すること。
B．メディアをしっかり管理すること。
C．メディアを上手に導くこと。
D．メディアに対して公開透明であること。

筆者はDこそ大切だと思ったが、解答によると正解はAだそうだ。メディアに対しては必ずしも「公開透明」ではなくてもよいようだ。ただ、Aが正解だとしても、「メディアは党の代弁をせよ」と求めた２０１６年2月の習近平演説の趣旨とは、だいぶトーンが異なるようにも感じられた。今ならBが正解になるのかもしれない。

報道倫理の問題の中には、事件記者も経験した筆者にとっては、ちょっと後ろめたさを感じざるを得ないものもあった。

「ある記者が路線バスに乗っていた時、偶然、車内で強盗が乗客を脅している場面に出くわした。その記者が真っ先にとるべき行動はどれか、次の中から一つ選べ」

A．写真を撮る。

B．ただちに逃げ出す。
C．警察を呼ぶ。
D．強盗と格闘する。

正解はC。記者であろうが、まず警察に知らせることが大切だということだ。誠にごもっともで、筆者にそれを否定する勇気はない。ただ、筆者が実際そのような場面に出くわしたら、まず生々しい現場を伝えるためにためらわずに写真を撮るだろう。次にとる行動は、自分の会社の報道デスクに連絡を取り事件の一報を伝えようとするに違いない。いち早く速報することが特ダネになるからだ。だが中国では、それでは記者の模範にはなれないのだ。

最後に、我々西側のメディアに関する質問もあったのでここにご紹介しよう。
「西側の新聞倫理の基本原則である『報道の自由』が持つ致命的な弱点を二つ挙げよ」
A．金銭で容易に操られる。
B．政治権力に容易に操られる。
C．世論を制御できなくなり易い。

D．社会的責任を失い易い。

この問題は、筆者にはどれも不正解のように思えたのだが、解答によるとCとDが正解だそうだ。もっとも、中国人ジャーナリストにとっては、これは楽勝問題だったようだ。何しろ、報道の自由がない中国でこそAとBがはびこっているのだから、この二つを除けば消去法でCとDが残るからだ。

かくも難しい問題ばかりではあったが、研修後の試験では95％のジャーナリストが合格したというから驚かされる。本来、研修や試験を実施した当局としては、党や政府を批判する「邪悪な」ジャーナリストを振るい落とす狙いがあったようだが、実はさほど効果はあがらなかったようだ。

ある中国大手メディアの幹部はこう語った。

「党や政府を批判できるほど物事の道理を理解している優秀なジャーナリストにとっては、試験でどの答を選べば合格し、どの答えを選べば不合格なのか全部わかってしまいます。自分の本心を正直に答えるのではなく、当局がどの答えを望んでいるのかを察して解答することなぞ朝飯前なのですよ」

筆者にしてみれば、まともに取り組んでもなかなか正解できない難問も、中国のジャーナリストにとっては、出題者の意図まで読み切れてしまうというのだから大したものだ。厳しい報道規制の中で、信念を抱きながら仕事を続けている中国の記者たちは、本当は、ジャーナリストとしてかなり優秀な人たちなのかもしれない。ただ、その本心や信念を露骨に表に出せば、たちまち処分を受けることになる。当局が厳しい目を光らせる中、許されるぎりぎりの線で勝負をし、したたかな抵抗を試みようと頑張っている人たちには、心底頭が下がる思いだ。

厳戒で迎えた天安門事件二十五周年

2014年6月4日、天安門広場やその周辺には徹底した厳戒態勢が敷かれた。ちょうど四半世紀前の1989年6月4日北京で軍が民主化運動を武力鎮圧した天安門事件が起きたからだ。節目の二十五周年にあたった2014年は、メディアに対しても例年にも増して徹底した言論統制が敷かれた。中国本土で、事件を取り上げた報道機関は、筆者が把握する限り、皆無であった。

インターネットのブログやチャットでさえ、事件に少しでも関係する言葉が書き込まれると、即座に当局の手で削除され、サイト自体が閉鎖されたところもあった。NHKのテレビ国際放送も、中国国内で視聴していると、事件に関するニュースを伝え始めた瞬間、番組が遮断され、画面が真っ黒になった。

北京の外国人常駐記者の中には、事前に公安当局に呼び出され「取材でボトムラインを超えるな。我々の要求に応じなければ、最も深刻な結果を招くだろう」と脅迫めいた警告を受けた人が少なくない。

外国人記者に対してすら、かくも強圧的な締め付けをしてきた当局が、国内の記者に対して、さらにそれを上回る壮絶な姿勢で、押さえ込みをかけたであろう事は容易に想像できる。

天安門広場祝日の厳戒態勢（筆者撮影）

当局が天安門事件の警戒態勢に入るのは、例年は、民主化運動の発端となった胡耀邦元総書記の命日にあたる4月15日前後からだが、２０１４年は、事件で失脚した趙紫陽元総書記の命日にあたる1月17日頃から早くも警戒態勢に入ったことが、公民権運動などを行っている活動家の摘発状況から見て取れた。

ただ、当局が締め付けを強めれば強めるほど、そうしなければ中国共産党体制を維持できないという当局側の危機感をより強く示す結果になる。２０１４年の徹底した対応ぶりは、習近平政権が、何より民衆の不満を恐れ、新たな民主化運動、そして「新たな天安門事件」が起きることを極度に警戒していたことを如実に物語っているといえるだろう。

以来、天安門広場は人が多く集まる祝日などは厳戒態勢が敷かれることが当たり前になった。広場を訪れる一般の観光客に対しても、厳しい安全検査が行われ、自動小銃で完全武装した警察官が威嚇するように目を光らせるようになった。

西側メディアとの激論

30万人を対象とした大研修の成果は果たしてあったのだろうか。その答えをうかがわせる西側メディアと中国メディアの意見交換の円卓会議に筆者も参加したのでここに簡単に記しておく。

それは、2015年春、アジアのジャーナリストが北京に集まり、「アジアの安全を守るうえで、メディアがいかなる役割を果たすべきか」を話し合う円卓会議で交わされた議論だ。

会議には、主催国中国のメディア関係者の他、ロシア、中央アジア、東南アジア、中東など約20か国のジャーナリストが参加し、活発な意見交換が交わされた。

議論で際立ったのは、中国のメディアが、西側メディアの対中国・アジア報道への批判だ。マイナス面の報道が多いことが、双方の誤解を生み、アジアの安全保障にも負の影響を及ぼしているという主張だった。

中国のある大手メディアの幹部は次のように語った。

「西側メディアは、アジアの途上国のマイナス面を強調するどぎついニュースばかり報じている。我々が経済を発展させ、人々の暮らしを向上させていることには、見向きもしようとはしない」

また、別の大手メディアの幹部もこう主張した。

「西側メディアは『国際社会の声』という言葉を普遍的な見方のようにしてよく使うが、実際には、世界の人口の1割程度の西側先進国の声を代弁しているだけではないか。とても世界中の人たちの平均的な声を代表しているとは思えない。客観的な報道こそ、アジアの相互信頼を深める上で一番大切なことではないか」

こうした意見は、中国のメディア研修で強調された「政治に負の影響を及ぼすニュースは報道しない」という中国流メディア論を西側にも求めるものであるように思えた。

これに対してオーストラリアのメディアの幹部が次のように述べて反論した。

「西側のメディアは、基本的に客観報道を大原則としている。しかし、実際には完璧な客観報道というものは存在しないだろう。むしろ我々は批判的な報道や、責任を追及する報道も重視し、権力を監視するという報道機関の役割を担ってきたのだ」

日本のメディア関係者も次のように述べて、マイナスの報道が多くなるニュースの本質を説明した。

「飛行機が、百万回以上安全に離発着をしてもニュースにはならないが、一回でも墜落すれば大きなニュースになる。日常の平穏無事はニュースではないが、異常が起きた時にニュースになるのだ。マイナス報道が多いのは、それを伝える価値が大きいと判断しているからで、中国や途上国の話題に限らず、ニュース全般にいえることだ」

この意見交換の場で、筆者も考えさせられる意見がシンガポールのメディア関係者から出されたことも合わせて紹介したい。

このジャーナリストは、隣国同士で対立するアジア各国のメディアに対する警鐘と、中国政府の宣伝機関の役割を背負っている中国メディアへの率直な提言を行った。

「多くのアジアの同業者は、自国の問題や欧米のニュースについては、比較的公平な報道をしていると思う。だが、対立する隣国に対しては、すべてを公正に伝えているとは、言えないのではないか。我々メディアが依拠すべきなのは、公正さであり、政府の意向ではない。その点、英国のＢＢＣは、公共放送であるが、政府と一定の距離を保ち公平性を担保している。それは、そうすることが最終的に英国に利益をもたらすとの考えからだ。アジアのメディアも、長い目で見れば、政府と距離を置き、独立性を保つことこそ、最終的にその国に利益をもたらすと言えるのではないか」

交流会議開催国中国の思惑

この意見交換の円卓会議の開催にあたって、議長国中国が期待していたことは、アジアの安全を守るために、各国のメディアがマイナス報道を自制し、お互いにプラス報道をしてゆこうというコンセンサスだったと考えられる。しかし、中国と西側メディアの間には、かえってそれぞれの社会において役割の違いがあることを際立たせる結果になり、議論は平行線をたどった。マルクス主義ニュース観は、他国では到底受け入れられない代物だったのだ。

ただ、話し合うことでいくつかの共通認識も生まれた。それは、アジアの大多数の国の人々にとって、新聞やテレビ、それにインターネットなどのメディアが、外国を知り得る貴重な情報源であり、もし誤った情報が伝われば、世論を誤った方向に導いてしまい、アジアの安全にも負の影響を及ぼしかねないということ。その意味では、今後もアジア域内のメディア同士が頻繁に交流を重ねる事によって、それぞれの立場の違いや、担う責任の重さを再認識できるのではないかということだ。もちろん、それによって各国のメディアの報道姿勢が大きく変わるということはないだろう。ただ、率直な意見をぶつけ合うことで、メディア報道が持つ責任の重さを互いに実感しあうことは、けっして無駄にはならないだろうと筆者は考える。

第七章　「官製報道」をあざ笑うネット世論

パロディーニュースに秘めた思い

習近平政権が、ジャーナリストたちに共産党に忠実な「模範報道」を行わせようと四苦八苦する中、中国のインターネットには、逆に決まりきった形の「官製報道」を揶揄《やゆ》するかのような画像が次々と貼り付けられていた。

「ネットに出回っている面白い映像をお見せしましょう」

知り合いの中国人教授がそういって見せてくれたのが、中国某大学で「メディア論」を学ぶ学生たちが制作したパロディーニュースの動画だった。撮影場所は、その大学の学生寮。登場人物は、全て学生だ。

動画は、中国中央テレビ（ＣＣＴＶ）の夜7時のメインニュース「新聞聯播《れんは》」と全く同じタイトルで始まった。まず、黒板の前にきちんと座った男女二人の「キャスター」が登場し、主なニュース項目の見出しを読み上げている。このあたりの演出はＣＣＴＶの新聞聯播とそっくりだ。

続くニュースの第一項目は、自分たちの宿舎代表が、他の宿舎を「公式訪問」したというニュース。アナウンサー役の学生は「この訪問中、両宿舎の代表は、各方面の実務的な協力拡大や、双方が共に関心を持つ問題について話し合った」という原稿を淡々と読み上げていた。

　こう記すと、何とも味気ないニュースだとお感じになるかと思うが、中国人なら笑い転げるほど痛快な皮肉になっている。つまり「宿舎」と言う言葉を「国家」に置き換えれば、実際に放送されているような本物のニュースになる。型にはまった原稿ばかりたれ流しているCCTVへのパロディーそのものなのだ。

「ニュース」の第二項目は、宿舎の幹部会議が開かれたという内容。これも、それぞれのキーワードを入れ替えれば、たちまち中国政府の重要会議のニュースになるという原稿だった。

　第三項目は、さらに生々しい。学生宿舎のトイレの排水が詰まるという「重大安全責任事故」のニュースだ。どんな事故が起きたのかその内容説明もそこそこに、事故発生後、関係部門がただちに「緊急即応態勢」を立ち上げ、全力で「救援活動」を展開したことが強調されている。事故の内容より、「当局」がいかに懸命に対策を取っているかが強調されていたのだ。

　さらに宿舎の「幹部」が現場を視察し、「重要な指示」を行ったという視察風景まで「再現」していた。これこそ重大事故をいつもお上目線でとらえ指導者の「活躍ぶり」を強調する中国式報道に対する痛烈な風刺と言えるだろう。

続々登場するパクリニュース

筆者が見せてもらった動画のタイトルは「超笑える　宿舎パロディーCCTV新聞聯播」という作品だったが、実は、同じようなパロディー動画が、中国各地の若者の手で、次々と制作され動画でアップされているのだ。

それにしても当局が言論規制を強める中、どうしてこのようなパロディー動画の制作が許され、また削除されずに残っているのだろうか。

中国の某大学教授の説明はこうだ。

「共産党の支配体制や政府の政策をあからさまに批判すれば、すぐに懲らしめられます。しかし、パロディーニュースの動画には、そうした政治的な直接の批判はいっさい盛り込まれていません。ただ、中国のニュース報道が、いつもワンパターンだという文章表現への批判に主眼が置かれているのです。だから、簡単に取り締まるわけにもいかないのでしょう。

そしてなにより党の指導者や政府の要人たちだって、自分の名前がいつも同じパターンの出来合いの原稿の穴埋めに使われている現状を好ましいとは思っていないはずですから」

では、なぜ中国のニュースが、そこまで形式的なものになってしまったのか。実は中国には古来、公式な文章は、定まった格式の文体で記すという伝統があった。そうした文体は「八股文」と呼ばれ、科挙の試験でも重視された。それにちなんで、中国でメディア論や新聞学を学ぶ学生たちの間では、ワンパターンに形式化されたニュースの文体を「新聞八股」と呼んでいるのだそうだ。

中国の記者にとって、ますます厳しくなる報道規制の下では、少しでも筆を滑らせれば、命取りになる。地雷を踏まないようにするには、新たな表現を工夫せずに、すでに使われている陳腐な表現を繰り返し流用することこそ「最も安全」と言うことになる。つまり「新聞八股」に則り、いつも同じパターンのニュースの「型」に、人名や地名などその時々の要素をはめ込んで文章を作ることこそ、何より「身を守る」保身術だというのだ。

「新聞八股」の功罪

だが、中国のニュースを研究する識者の間には、メディアがそうしたワンパターンの原稿をたれながすことに批判も多い。

「会議は必ず『盛大』に行われ、『勝利のうち』に閉幕する。演説は必ず『重要』で、送られる拍手は必ず『熱烈』だ。指導者が重視しないものはなく、決議は必ず可決される。そんな陳腐な言い回しのニュースばかりだから、飽きられてしまうのです」

そう語る某大学教授は、画面や紙面に氾濫する「新聞八股」こそが、テレビや新聞離れを加速させていると嘆いた。

いずれにしても、言論統制が強まる中で、それをあざ笑うかのように続々登場しているパロディーニュースのネット動画は、表面上「官製報道」の文体が形式化することを批判する形をとっているという共通点を持っている。その意味では、学生たちが中国の報道機関に、より自由で柔軟な発想で報道すべきだと訴えていることになるだろう。

また、制作者の多くが、大学でメディア論や新聞学を学ぶ学生たちであることを考えると、本来メディアは、権力の監視の役割を果たすべきであるのに、その役割を放棄し、無難なニュースばかりを垂れ流していることへのいらだちを感じ取ることもできる。

彼らは大学や大学院で「中国流メディア論」を学ぶ中で、どのような表現を使えば、言論監視当局すらも容易に否定できない形で、自分たちの主張を世間に訴えられるのかを、ネット動画を通じてしたたかに実験しているのかもしれない。

第八章　言論統制の下で読者を拡大する「参考消息」

「中国で一番読まれている新聞がいったい何か御存じですか?」

知り合いの中国人ジャーナリストからそう問われて筆者は少し戸惑った。当惑する筆者に対して相手がしたり顔で教えてくれた「答え」とは、「参考消息」という知る人ぞ知る異色の情報紙だった。

「参考消息」とは、現在は中国国営通信社・新華社の系列社が発行している日刊のタブロイド紙で、発行部数は約340万部にのぼる。中国共産党の人民日報ですら約250万部と言われるから、中国の中ではいかに突出しているかがわかる。だが、国外にはその名があまり知られていない不思議な存在でもあった。

「中国で一番読まれている新聞」と言われてから注意するようになると、確かに中国のどの新聞スタンドでも大概売っているのを見かけた。だが、カラー刷りが多いタブロイド紙の中で、「参考消息」は黒一色の印刷。しかも小さな活字がひしめくように並び、見た目は極めて地味な存在だ。

あえてその特徴を記せば、ほとんどの記事が、外国メディアの報道を引用する形で構成されている点がミソだった。なぜそれが多くの読者を引き寄せているのだろうか。

「見出しや記事の要約などに、当局の意向は反映されてはいますが、さすがに『白』と書かれ

「参考消息」2016年5月24日（米の対越武器輸出解禁などを報道）

た外国の記事を『黒』と書き換えることは出来ません。読み方次第では、外国メディアのオリジナル報道の中身を十分知ることが出来るのです」

ある友人はそう教えてくれた。確かに、そういわれてみればそのように読み解くこともできる。例えば、「A国が中国のことを○○と批判している」という記事を紹介する場合、「参考消息」では「A国が中国のことを○○などと批判して騒いでいる」などのように、あたかもA国の批判そのものに対しては、反対の立場であるような言い回しの見出しがつくことが多い。だが、賢明な読者は、その記事を「中国はA国から○○と批判されている」と読み替えて理解するのだ。そのような読み方をすることで、中国に対する国際世論の動向や中国にどのような批判が行われていることがわかる仕組みだ。

参考消息には、日本を含む西側主要メディアの中国に対する批判的な論調が、そのような論法で数多く掲げられている。中国当局にとっては、本来あまり国民に知られたくない海外の対中国批判も、多くがそのような形で伝えられているのだ。これも、厳しい言論統制の中で、中国の報道機関が生き残る一つの方法と言えるのだろう。

発行が許されている理由

実は、その「参考消息」なる新聞の存在自体を筆者が意識し始めたのは、30年以上も前のことだった。当時は、文化大革命の余韻が続いていたから、多くの国民は、まだ伝統的な共産主義思想に染まっていた。西側の思想など害毒だと考えられていた時代だった。心あるインテリたちは、短波ラジオを密かに手に入れて日本や欧米諸国の国際放送を傍受することで世界情勢をつかんでいた。もちろん見つかれば処罰される危険を冒しての行為だった。

ところが不思議なことに、筆者と接した海外のラジオ傍受など違法な行為は許されていないはずの党や政府の関係者が、意外なほど西側の事情に精通していたのだ。そうした人たちの情報源を探って行くうちに「参考消息」という新聞の存在に行き当たった。筆者が、最初にこっそり見せてもらった「参考消息」は、今とさほど変わらない体裁だった。ただ新聞のタイトルの下に小さく「内部刊行物」と記され、共産党や政府の幹部だけが読むことを許される秘密情報紙だったのだ。

外電の直訳や日米など西側主要紙の論評の抄訳などが中心で、中国を正面から批判している記事も大胆に紹介されていた。毛色の違いは、新聞の題字にも現れていた。中国お決まりの毛主席の書ではなく、作家魯迅の筆跡を集めたものだったのだ。

当時、「参考消息」を筆者に見せてくれたある幹部はこう教えてくれた。

「我々、中級幹部が読めるのは、『小参考』と呼ばれるこの新聞までです。最高幹部はさらに詳しい『大参考』と呼ばれるさらに格上の秘密の新聞を読んでいます。その中には、中国の省長や閣僚レベルが読む新華社発行の『国内動態清様』と『国際参考清様』があると言われます。人民日報も、局長クラスの高級幹部用に『内部参閲』を発行しています。それらの記事は、もっとストレートに事実をありのまま伝えていると言われていますが、残念ながら我々は読むことができません」

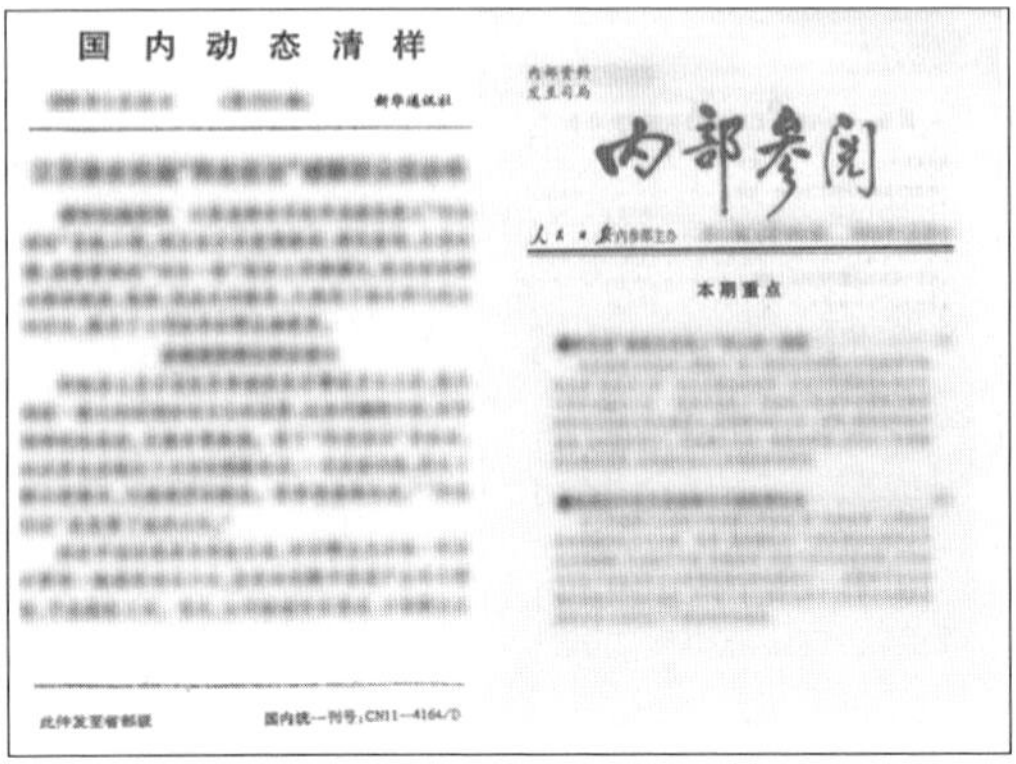
国内动态清样
新华通讯社
此件发至省部级
国内统一刊号:CN11—4164/D
内部参阅
本期重点

（インターネットより）

上に示した写真は、高級幹部用に発行されているという「秘密新聞」の一部だ。残念ながら筆者もこの新聞を読む機会に恵まれたことがない。

今も期待されるワクチンの役割

話を「参考消息」に戻すと、正面からの中国批判まで大胆に掲載していた新聞の発行が、なぜあの時代に許されたのだろうか。

友人の一人はこう説明してくれた。

「それは毛主席自身の提案だったからです。毛主席は『敵がどのように我々を罵るのか、敵の家庭の事情はどうなのかを幹部は知るべきだ』と主張しました。短波ラジオを通じて西側から『毒』が人民の間に流れ込んでも病気にならない抵抗力を作るワクチンみたいなものだと位置づけられたのです」

大多数の国民が、共産党のプロパガンダ一色に染められていた当時も、限られた一部の幹部は外部の生の情報に接していたことになる。やがて改革開放政策が打ち出され、外国人が大勢中国を訪れるようになると、「参考消息」の購読範囲の規制が順次撤廃され、発行部数も膨れ上がった。一部の幹部に対する「秘密の新聞」から誰でも読める「公の新聞」へと変身したのだ。

昨今の中国では、当局の厳しい報道規制をしり目に、ネットを通じて様々な情報が外国からなだれ込んでいる。中国の新聞界にとって厳しい逆風の時代を迎えた今日でも、「参考消息」がなお三百万以上の発行部数を維持できるのは、外側の見方を知りたいという中国人読者の探究心に加えて、ネット情報の氾濫に頭を抱える当局が、それに対抗するワクチンの効能を期待しているからだろう。まさに情報統制のアメとムチの方策のうち「アメ」に当たると言えるのかもしれない。

第九章　新聞スタンド強制撤去の波紋

２０１４年７月31日夜から翌朝にかけて、北京市民を驚かせる衝撃的な事件が起きた。市民が愛用してきた新聞販売スタンドが、強制的に次々と取り壊されたのだ。北京市内には約２千か所の新聞スタンドがあるが、この日に撤去されたのは、このうち、近代的な高層ビルが立ち並ぶ東部地区の72か所だった。

その年11月に北京で開催されるＡＰＥＣ首脳会議を前に、市内を美化するとの理由で、当局が路上に大きくはみ出して店を広げてきた新聞スタンドの「強制撤去」に踏み切ったのだ。

北京青年報によると、あるスタンドの経営者には、31日昼、一方的な通告があり、その日の夜には有無を言わさず壊されたという。その唐突なやり方には、北京市民から批判の声がわき起こった。

「新聞スタンドは、市民にとって情報と文化のよりどころであり、あのような暴挙は文化破壊だ」といった意見が、さかんにインターネット上に書き込まれた。

８月北京を訪れた私は、騒ぎを聞きつけて、実際に撤去された新聞スタンドの跡地を確かめてまわった。すると日中は、跡地の地面にわずかばかりの新聞や雑誌を並べて売っている人の姿があった。市民の猛反発を受けて、あわてて泥縄の対策を打ち出したのだ。北京市当局は、新聞スタンドを壊したのは、強制撤去ではなく移転や改装のためだと言葉を翻した。

中国で新聞を読むには、郵便局に定期購読を申し込み、自宅に郵送してもらう方法と、新聞スタンドで直接買う方法の二通りがある。新聞の種類が多いため、一つの新聞を定期購読するよりは、新聞スタンドで、記事の見出しを見比べてから買い求める人が多かった。

調べてみると、中国全土には、２０１５年時点で中国には約２万か所あまりの新聞スタンドがある。その数は、ピークの２００８年には４万か所以上あったという。しかしその後、経営難に陥るところが相次ぎ、わずか7年間で半数近くにも減少したのだ。

北京の新聞スタンドと強制撤去（インターネットより）

実際、新聞スタンドの経営者にたずねると、経営はどんどん厳しくなっているという。中国では新聞の値段がかなり低く抑えられている。日刊紙で一部あたり日本円にして20～30円前後。夕刊紙だと、その半値以下だ。このうち新聞スタンドの利潤は、一部当たり10円程度のため、毎月1万円弱の管理費を市に上納することを考えれば、かなり部数を売らなければ割に合わないというのだ。

しかし、かつては一紙だけで何百部という単位で新聞が売れた場所でも、近年、販売部数が、十分の一程度に激減しているという。

そこで、人気の雑誌やペットボトル飲料、それに、携帯電話のプリペイドカードなど様々なものを手当たり次第売り出すようになり、品物を路上にまではみ出してならべるようになったのだ。新聞スタンドは、市民にとっては便利なキオスクのような存在になりつつあったが、市当局の眼には、歩道の通行を阻害し、景観を損ねる厄介な存在と映ったのだ。

この「強制撤去」事件で、北京市民は大反発したが、それは、取り壊された新聞スタンドが、市の中心部の最も売れている人気の場所にあったからに過ぎない。

実際には北京でも、ここ5年間で約5百か所の新聞スタンドが、経営難で姿を消していた。北京市も同様、新聞スタンドの数は2008年がピークで、その後、激減していたのだ。

どうして北京市民が新聞を買わなくなったのか、中国人の友人たちに聞いて見ると、誰からも同じような答えが返ってきた。今は、携帯電話やスマートフォンでニュースを始め、あらゆる情報を集められるので、新聞を読む必要がなくなったというのだ。

そういって見せてくれた友人の携帯には、中国のニュースサイトや雑誌のサイトが山のように登録され、ほとんどの記事を、携帯で読めるようになっていた。

確かに、新聞スタンドの数が、急速に減少し始めた２００８年以降は、中国に第三世代の携帯電話サービスが急速に普及した時期と重なっている。

中国では、携帯電話が情報端末の役割を果たすようになった、第三世代移動通信網の整備によって、新聞スタンドが大打撃を受けたと考えられるのだ。

「携帯を使えば、新聞に出ていない情報も知ることができます」

中国人の友人の一人がこっそり本音を聞かせてくれた。その友人によると、２００８年の北京オリンピック開催以降、新聞や雑誌に対する当局の言論統制は年々強まり、特に習近平政権が誕生した後は、それを顕著に感じるという。当局の言論統制が、中国の新聞の魅力を失わせ、一方、市民たちは、携帯電話やスマートフォンを使って、仲間同士情報交換を行うことで、一番知りたい情報を得ていたのだ。

第十章　インターネットの急速な普及がもたらした変化

インターネット急速拡大の実態

中国の近年のメディア規制の問題を考える上で、避けて通れない最大の問題は、中国のメディア環境がここ10年間に、劇的な変化を遂げたことだ。中国インターネットセンター（ＣＮＮＩＣ）によると２０１５年はネット利用者の数が、前年より約４千万人増え約６億８８００万人となった。２０１６年は7億人を突破する勢いだ。インターネットの急速な普及が人々の言論空間を飛躍的に拡大し、取り締まる当局側にとっては頭痛の種になっている。

これまでにどのくらい急速な勢いでインターネットや携帯電話・スマホが普及してきたのかを、中国インターネットセンター（ＣＮＮＩＣ）が公表してきた調査結果を表にすると次頁のようになる。

■インターネット利用人口と携帯電話ネット人口の推移（出点 CNNIC）

年	インターネット人口（万人）	携帯電話（スマホを含む）ネット人口
1997	62	—
1998	210	—
1999	890	20
2000	2250	92
2001	3370	118
2002	5910	153
2003	7950	214
2004	9400	350
2005	11100	610
2006	13700	1700
2007	21000	5040
2008	29800	11760
2009	38400	23344
2010	45730	30274
2011	51310	35558
2012	56400	41997
2013	61758	50006
2014	64875	55678
2015	68826	61981

インターネットの普及は、先進国をめざす中国にとって重要な政策の柱の一つになった。インターネットを党の宣伝や政府の広報に利用することは、既存の新聞やテレビよりも、14億近くに上る国民に対してより速く確実に情報が伝達できる点で有利だと考えられた。また、無線伝送技術の進歩によって、携帯電話がパソコンのようにインターネットに接続できるようになり、インターネットを利用する人口が急速に拡大したのだ。掲載した前頁の表をご覧いただくとわかるが、２００８年の北京オリンピックの前後から、急速に携帯電話によるインターネット利用人口が増え、スマートフォンの導入もあって、２０１５年は、全てのインターネット利用人口のうち、９割が、スマホを含む携帯電話を利用してインターネットに接続していることが分かる。もちろん、その中には携帯電話やスマホに加えて、パソコンや後述するネットテレビなどによるネット接続も合わせて利用している人も含まれるだろう。また、インターネット利用人口は、中国の国民全体のほぼ半数に相当することがわかる。自分は利用していなくても、家族など身近な人に利用している人が必ずいる可能性は大きく、インターネットを通じた情報が、中国全土の国民の多くに瞬く間に広がる仕組みができ上がりつつあるのだ。

２０１６年３月に採択された２０１６年から２０２０年までの5年間の経済政策を決めた第13次5カ年計画では、高速鉄道や高速道路網の拡大と共に、都市・農村におけるブロードバンドのインターネットの全域網羅の実現が盛り込まれた。そして、ビッグデータやクラウドコンピューティングという新しい技術の導入や、インターネットを使ったモノの取引等、インターネットの広範な分野への応用を促進するとしている。

ＣＮＮＩＣによると２０１５年は4億人以上がネットショッピングを利用し、９６６４万人がネットでタクシーを呼んだという統計が記されている。確かに筆者が２０１５年に北京を訪れた際、地下鉄の駅が、ネットショッピング会社の「赤地に黒猫のマーク」の広告で埋め尽くされているのに驚かされたこともあった。また道端で手を挙げてもタクシーが素通りして、ちっとも停まってくれない経験もした。

その話をしたところある中国人の友人は「タクシーはネットで呼ぶのが北京では常識になりつつありますよ。ネットで呼べば、車内がきちんと清掃されきれいな車が来てくれます。どこにゆくか証拠も残りますので安心ですよ」と教えてくれた。白タクのような「豪華ハイヤー」までネットで呼ぶことができるということだった。

また、別の友人はネットショッピングに使うサイトに、貯金のようにお金をためているという話もしてくれた。銀行に預けるより「金利」が高く、しかも、何か買うときにはそのお金を使ってネットショッピングもできるから大変便利だという。

「ネットショッピングの方が、粗悪品や偽物をつかまされる確率が低いと言えます。こちらが商品を受け取って納得してから、決済が行われる仕組みですから」

なるほど偽物や粗悪品が横行する中国ならではのやり方のようだが、それでもネットを悪用した詐欺まがいの商売や、偽物販売で騙されたという苦情も少なくないという。

そして、かように中国全土に急速に拡大している高速インターネット網が、特定のグループの中で情報をやり取りする中国版ラインのミニ・チャット（微信）や、中国版ツイッター（微博）の普及に拍車をかけ、当局によるそれまでのインターネットの検閲方法では手におえないほどの膨大な情報が中国全土に拡散する舞台を提供することになったのだ。

謎のミニブログ「学習粉絲団」

ミニチャット（微信）やミニブログ（微博）という新たな情報交換ツールが中国のインターネット界に急速に普及する中で、近年「学習粉絲団」という謎めいたミニブログが注目を集めている。フォロワー数も、３００万人近くと尋常ではない。

「学習粉絲団」を文字通り直訳すると「はるさめ学習団」とも読めるが、実際には全く異なる意味を持つという。まず、本来は「はるさめ」を意味する「粉絲」は、近年「追っかけファン」

の意味で使われる流行語だ。さらに「学習」という言葉も、ここでは日本語の「学習する」とは異なり、「学」と「習」とを分けて読むことで、「習から学ぶ」という意味に解釈される。つまり「学習粉絲団」とは、「習近平主席を学ぶ追っかけ集団」という政治的な香りが強い特別なサイトなのだ。

実際、サイトを開いてみればその内容は一目瞭然。その名の通り、習近平主席につきまとい、どこで何をしているのか、そこで何を話したのかを、日々刻々と書き込んでいる。「習主席のことなら、既存の国営メディアより情報が速いし、しかもよく特ダネが出ます」とは、愛読しているという中国人の弁だ。

それにしても「暗殺未遂事件」の噂まで流れ、厳重な警備態勢に守られている習近平主席のことを、一体誰がストーカーのように追い回して、その動向をこまめに書き込んでいるのだろうか。

当初はサイトの主として、地方に住む若者の個人名が流れ、その後一時閉鎖されたこともあるなど謎めいているが、中国の友人が現在の発信地はどこか調べたところ、何と北京の国家主席執務室の場所に行き当たったという。どうやら習近平主席の取り巻きが、せっせと書き込んでいるようなのだ。

中国の庶民にとって、指導者の細かい動向などは、官製メディアでもいやと言うほど報道するから、これまではどうでもよいことのようだった。政治とは、無縁の生活をした方が無難だと考えている人が多かった。それよりも、自分の生活に直接影響を及ぼしかねない社会問題や誰もが関心を持つ有名人のスキャンダルなどの方がずっとおもしろいと感じる人が多かった。

では、どうして政治ネタ中心の「学習粉絲団」が、近年急速に人々の関心を引くようになったのだろうか。サイトを眺めているうちに、面白いことが見えてきた。

2015年3月22日に、一枚の特ダネ写真がアップされた。それは江沢民派の重鎮、李長春元政治局常務委員が大勢の取り巻きを引き連れて江西省東北部の観光地を視察した時の写真だった。あいにく雨模様で、お付きの2人が、両側から傘をかざして、李長春氏が雨に濡れないように守っている写真で、当初筆者にはどこにでもある普通の風景のようにも見えた。

だが、一見何の変哲もないこの写真には、とてもきな臭い意味が込められていたのだ。ネット情報によると、これこそ李長春氏が、「指導者の視察は質素であるべし」という習近平主席の決まりに背いたという告発写真だということなのだ。そういえば、2014年10月武漢を視察した習近平主席は、わざわざ自分の手で傘をさして見せ、おごらず質素な指導者とはどういうものか、みずから模範を示して話題になったことがあった。

この「告発写真」が「学習粉絲団」のサイトに掲載されたのは、時まさに、反汚職キャンペーンで、習主席が江沢民派に猛攻撃をかけている最中だったというのだ。そのような政治的に緊迫した時期に、気まずい写真を掲載された李長春氏は、身の縮む思いがしたのではなかろうか。

汚職にまみれた党幹部や役人の多くは、今や、いつ火の粉がわが身に降りかかってくるか、おちおち夜も眠ってはいられない日々が続いている。そうした人たちにとって、「学習粉絲団」のブログは、習近平主席の手の内を探るために目が離せない情報源のようになっていた。

一方、習主席の汚職摘発推進に喝采を送る庶民たちにとっても「学習粉絲団」は、フォロワーとして幹部の不正告発を書き込める「目安箱」的な存在になり始めていたのだ。

インターネットやスマホに対する監視・統制を強めてきた習近平政権にとって、圧倒的な情報量がやり取りされ、なかなか規制や取締りが出来ないミニブログやミニチャットとどう向き合うかが大きな課題になっていた。そうした中で装い新たに登場した「学習粉絲団」は、あえて、様々な情報をリークすることで、ネット世論を引き付けようという狙いがあったのではないかと推察される。

つまり「学習粉絲団」は、習近平政権にとって、習主席に対する国民の支持を引きよせると同時に、汚職摘発に刃向う抵抗勢力にもにらみをきかせるという、一石二鳥の新たな情報発信ツールの役割を果たしているようだ。

メディア統合の加速

習近平政権の時代に入って、中国報道機関の幹部たちから既存メディアの行く末について色々嘆き節を聞かされた。

某新聞社幹部いわく、

「紙媒体の新聞が全然売れません。このままでは、他の媒体に鞍替えしなければならないかもしれません。今でも紙の新聞が多く愛読されている日本の新聞業界が、実にうらやましい」

また、某放送局の幹部からも、こんな本音を聞かされた。

「放送局として、いつまで独立してやっていけるかわかりません。インターネット上にいろいろな動画が掲載されるようになり、放送局はいつお株を奪われてしまうか不安です。私たちもいずれは新聞社やネット会社と合体することになるのかもしれません」

これらはまさに、中国政府が今進めようとしている急速なメディア統合への動きに対する、現場幹部の戸惑いと不安を示す生の声だった。

中国には、これまで新聞・雑誌が1万種類以上存在し、放送局の数も、中央から地方まで

2500局余りに上っている。都市部の一般家庭では、ケーブルテレビを引くのが当たり前で、常時見られるチャンネル数は50以上にも上る。

それに加えて、インターネットをベースに、ニューメディアが次々に誕生。発進される情報の数は、日本の数十倍、いや数百倍にもなるとの見方もある。競争が激しくなれば、当然、他社と差をつけ、より刺激的な情報を発信しようという力が働くのが市場の原理と言える。

情報を統制することで権力の掌握を目指す習近平政権は、こうした状況を問題視し、二つの大きな対策に乗り出したのだ。

一つは、すでに記した全国の記者や編集者に対して「マルクス主義ニュース観」を学ばせた半ば強制的な研修だ。これはソフト面からの対策といえる。

そして、もう一つが、報道機関の整理統合。いわばハード面からの規制強化だった。

2014年8月、習近平主席をトップとする中国共産党の中央全面深化改革指導グループ（小組）は、「伝統メディアとニューメディアを融合発展させることに関する指導意見」を採択した。

今後は、新聞・雑誌、テレビ・ラジオ、それにインターネットやスマホなどに情報発信するニューメディア事業体を融合させ、発進する情報を一括管理することで、党による宣伝と情報統制を徹底してゆこうというものだ。つまりインターネットの世界には、中国の人々が発信する膨大な情報が行き交っている。その中には当局にとって望ましくない情報も数多く含まれているが、全てを削除することなど到底できない。そこで、これまで党の宣伝機関の役割を果たしてきた新聞やラジオ・テレビなどといった既存のメディアの組織と情報を、ニューメディアともいえるインターネットの世界に大量に流れ込ませることで、中国共産党の意向に従った「都合の良い」情報で埋め尽くそうという手に出たものとも受け止められる。

採択された「指導意見」には、「しっかり融合し、しっかり管理することで、融合発展が終始正確な方向に進められるよう確実に保証しなくてはならない」と記され、中国共産党の報道媒体統合に対する本気度が示されていた。

老舗人民日報社で始まった変革の動き

北京市の東部に、中国共産党の機関紙、そして中国を代表する新聞ともいえる人民日報の本社がある。広い敷地にいくつも低層の社屋が点在する、どこか大学のような風情のある場所だった。かつてはその威厳のある風景に、伝統の歴史を感じさせられたものだ。

中国共産党が伝統メディアとニューメディアを統合させる方針を打ち出した後、人民日報社を訪れた筆者は、とてつもなく大きな変革が、この老舗の新聞社にまで押し寄せていることを実感した。

案内されたのは、新聞の紙面づくりの場ではなく、人民日報のインターネット版「人民網」の制作現場だった。建物に入る前に筆者が想像したのは、大きな部屋の中にたくさんのパソコンが置かれ、記者や編集者たちが、せわしなく記事を打ち込んでいる光景だった。

ところが、最初に案内された部屋は、テレビスタジオであった（写真上）。中国中央テレビのニューススタジオと変わらない広さがあり、プロ用の専門放送機器が整然と組み込まれていた。そして、隣の部屋も、同じ規模のテレビスタジオだった。

筆者が予想したパソコンを使った作業現場は、スタジオとは通路をはさんで向かい側にあったが、粛々と作業が行われ、熱気にあふれた職場のようには見えなかった。

「これからは、新聞も、テレビも一緒になります。そのために、今、マルチメディアビルも建てました」

案内をしてくれた人民日報の幹部はそう説明し、人民網の編集室の窓から見える巨大な超高層ビルの新社屋を指差したのだ。

緩やかな楕円カーブがシルエットの新社屋は、広い人民日報の敷地の一角に、他の社屋群を見下ろすかのようにそびえ立っていた（前頁写真下）。中国共産党の「指導意見」を率先する形で、今後、新聞、テレビ、そしてインターネットを融合するマルチメディア報道が、その巨大ビルから中国全土に向けて発信されているのだという。

メディア統合という中国メディア界の新しい動向は、今後、我々日本の報道機関にとっても注目の対象になるだろう。だが、その動機が、言論統制の道具の意味を持つのだとすれば、先進的な動きととらえることには抵抗感がある。

西側メディアの観点から言えば、新旧のメディア統合には、迅速な情報共有というメリットがある一方で、当局による情報管理が容易になるというデメリットもある。だが、当局による情報管理を徹底させようとする中国にとっては、世論操作をする上で、大きな役割を担うと期待されているのだ。

２０１４年７月、当局によって新聞スタンドが突然撤去された場所の近くには、新たに「デジタル・キオスク」なる電話ボックスのような不思議な構造物が設置された（次頁写真上）。調べてみるとこの「デジタル・キオスク」は、人民日報が中心となって、北京で１０００台ほど設置されたという。

ＡＰＥＣを前に、景観を損ねる新聞スタンドを撤去し、かわりにハイテクを駆使した「デジタル・キオスク」を配置することで、未来都市北京を演出しようとしたのかもしれない。

「デジタル・キオスク」の本体側面には、液晶ディスプレーのタッチパネルが取り付けられ、スマホを巨大にしたような画面を表示していた（写真下）。人民日報の新社屋から発信されるデジタルのニュース情報が、紙の新聞の代わりに、このデジタル・キオスクを利用することで見ることができる仕組みになっていたのだろう。

筆者は２０１５年秋に北京を訪れた際、実際この「デジタル・キオスク」を使ってみることにした。だが、「デジタル・キオスク」の周囲には所狭しと自転車が停められていて、近づくのもやっとだった。しかも誰かがパネルの上に落書きさえしているあり様で、故障してい

たのかタッチパネルに触れてもまったく動作しなかった。どう見てもあまり活用されているようには思えなかった。

周りを見渡せば、街行く人たちはほとんどが自分のスマホを手にして歩いていた。いまさら「デジタル・キオスク」に頼らなくても、十分デジタル情報は手に入るため、あえて誰も使おうとしないのかもしれない。

第十一章　官製メディア報道への反発と当局の対応

株価暴落で政府批判

２０１５年６月、上海株式市場の総合株価指数が、わずか３週間で30％以上も急落した。これを受けて中国当局は、国内の報道機関に対して「株式市場の問題が政治化することを防げ」と指示する緊急通達を出したと伝えられた。

この通達では、「株式市場と政治とを関連付けるな」とか、「株価の動向を投資家が理性的に受け止めるよう世論を導け」などとこと細かく指示しており、上海市場の株価急落が中国共産党や中国政府批判へと燃え広がることを当局が極度に警戒していることをうかがわせた。

中国の株価は、過去にも幾度か急落しているが、当局が報道機関に対して、かくも厳しい管制を敷いたのは極めて異常な事態と言える。

なぜ中国当局がそこまで世論の批判を恐れるのだろうか。中国株の取り引きをしている複数の知人に聞いてみると誰もが同じような言葉を口にした。

「大損をした人たちは、皆、人民日報や新華社が『株はまだ上がる』と煽った事を恨んでいるのです。党や国の意向を強く反映してきた『御用メディア』がいう事だから間違いないだろうと、誰もが強気になったのです」

もちろん友人の中には、2015年の春先からそうしたメディアの株関連報道が、政府にコントロールされているのではないかと気づいた賢明な投資家もいるにはいた。だが、多くの投資家は、政府が株高を望んでいるなら、まさに「政策に売りなしだ」とばかりに買い進んだのだという。

株価あおった御用メディア

筆者は、中国メディアの株価報道が一層危うさを増したのは、2015年4月に上海株式市場の株価指数が4000ポイントの大台に乗せたあたりからではないかと感じている。はた目には、明らかに上海市場が過熱しすぎているように見受けられたからだ。

しかし、人民日報のインターネット版は「まだ上昇相場のスタートラインだ」と伝え、新華社のネット版も「天井はまだ見えていない」と報じた。

人民日報傘下のタブロイド紙、環球時報は同年4月15日付の一面全面を使って、「中国株式市場はロケットに乗った」などと国外メディアの報道を引用して株高をはやし立てた。

私が最も驚いたのは、新華社系列のタブロイド紙、参考消息が同年4月12日付紙面で、「今、カラ売りをするのは自殺行為にほかならない」と題する大きな記事を掲載したことだった。記事の中身は、米国の経済通信社の報道を引用する形になっていたが、見出しは明らかに異常だった。

そのような見出しを目にすれば、誰しも「今株を売ったら大損する。それなら逆に、いま買えば大儲け出来ることになる」と考えてしまうだろう。結局多くの個人投資家が、レバレッジをかけた信用取引でカラ買いをしたり、大量の借金をしてまで株を買いあさったりする極めてリスキーな状態を招いたのだ。

中国当局が本当に御用メディアを使って株価の上昇をあおろうと意図したかどうかは確かめようがない。だが、市場のあまりの過熱ぶりに危機感を募らせた当局が、信用取引規制に乗り出したことが、株価急落の引き金になったといわれているから、大損をした投資家たちは、当局のマッチポンプのような政策に振り回されたという被害者意識を抱くようになったのだ。株価急落後、当局があわてて国内報道機関に対して「株式市場の問題が政治化する事を防げ」と緊急通達を出したのも、そうした投資家の怒りをいち早く察知し、怒りの矛先が党や政府に向くことに危機感をつのらせたからだろう。

そもそも中国当局は、どうして中国経済が減速の方向に向かう中、それと逆行するような株高をあおる報道を容認したのであろうか。

ある中国のジャーナリストが、こんな説明をしてくれた。

「株価が上がれば、政府の人気も上がると考えたからではないでしょうか。それはどこの国でもあることです。ただ中国の場合、メディアの現場には、いま倦厭《けんえん》ムードが広がっています。怒れる個人投資家から突き上げられている上、当局からは急落後の世論操作まで押し付けられるという板挟みの圧力を感じているからです。不本意ですが、政府の意向に背けば、社長の首がすげ替えられ、現場の記者も懲らしめられてしまいます」

一連の株価報道問題をきっかけに、報道機関で働くのをやめようと考える良心的な記者が増えているというのだ。

天津大爆発の波紋

2015年8月12日深夜に天津市で起きた大爆発は、中国当局にメディア規制の是非をあらためて再考させるものとなった。死者・行方不明者計170人以上、負傷者約800人に上るこの大爆発では、現場に置かれていた猛毒物質が周囲に吹き飛んだほか、衝撃波のような爆風で、周囲の高層マンション1万7千世帯の窓ガラスが割れ、輸入車など1万台近くが焼失した。

爆発当時、夜空に立ち上ったキノコ雲のような巨大な炎は、多くの周辺住民がスマートフォンで撮影し、その画像がネットを通じて世界中に拡散した。生々しい事故の様子が、一般市民によって撮影され、それが中国から瞬く間に世界中に拡散することは、10年ほど前まで考えられないことだった。映像を撮影しただちにメールで発信できるスマートフォンが登場し、また中国にも高速インターネット網が拡充したからこそそれが可能になったといえる。一方、当局は当時、スマホで送られる「映像」や「画像」まで、途中で監視して取り除けるところまで、技術の進歩に追いついていなかったのだ。

慌てた天津市当局は、駆け付けた国内外記者が被害者家族を取材するのを妨害。地元メディアの独自取材も認めず、全て新華社など中央メディアの報道に従うよう規制をかけた。当局がずさんな管理態勢の露呈を恐れて、大惨事を極力矮小化しようとしたと思われる。

一方、発生当時、河北省の避暑地・北戴河で恒例の重要会議を開いていた中国共産党最高指導部は当初、それとは逆の判断をした。事態を隠せば隠すほど、中国共産党に対する国民の信頼が薄れる。それは、２０１１年に浙江省で発生した高速鉄道事故で地元鉄道当局が事故車両の残骸を土の中に埋めて隠そうとしたことが、大きな批判を受けたことへの反省でもある。

習近平主席は、事故の原因究明を早急に進め、その情報を公開することで透明性を確保せよと指示を出した。これを受けて天津市は、事故発生翌日の夕方から記者会見を開き、記者の質問を受け始めたのだ。

だが、なぜ大爆発が起きたのか、爆発事故を引き起こした問題の危険物貯蔵会社と当局との間に癒着はなかったのか。肝心の部分になると、天津当局はのらりくらりと質問をかわし要領を得なかった。

市民が内情をネットで暴露

そうした当局の姿勢に業を煮やした天津市民たちは、自分たちが耳にした情報をスマホやネットを使って次々と暴露し始めたのだ。事件発生から4日後に現場視察をした李克強首相は、「正確な情報を逐次出さなければならない。当局の発表が遅れを取れば、至る所デマだらけになってしまう」と天津市の幹部たちを叱責したという。

筆者は、この李克強首相の言葉で天津市の情報公開がさらに進むと期待したのだが、結果は思わしい方向には進まなかった。事もあろうに、当局は情報公開より「デマ」の摘発、削除に全力をあげたのだ。

一方、党中央の意向を受けて、中国国営の中央テレビ（ＣＣＴＶ）は、現場でかなり突っ込んだ取材を続けていた。「焦点訪談」という番組、日本でいえばＮＨＫの「クローズアップ現代＋」のような番組だが、17日の放送は中でも秀逸と言える。大爆発が起きた問題の倉庫にどのような危険物質がどれだけ貯蔵されていたかを立体のＣＧ画像を使って克明に示した。また、現場周辺の大気には、神経ガスのような物質も含まれ、消防隊が所有する検知器のメーターが振り切れたと紹介した。現場に置かれていたいくつかの化学物質が爆発によって神経ガスのような成分を自然合成しうるとする学者のインタビューを付け加えてその論拠としていた。

ところが、この番組を放送後、新華社が神経ガスの発生を否定する記事を配信し、番組の画像はＣＣＴＶのホームページから削除されてしまった。それは、党中央が、情報公開により逆に社会不安をあおりかねないという危機感を抱き、規制の方向へ舵を切ったことを意味した。


一度は情報公開を強調した党中央が、一転消極姿勢に転じたように見えたのはなぜか。筆者はネットで飛び交う独自の情報の中に、その理由を見いだした。それは、大爆発を起こした倉庫会社の背景に大きな政治的な黒幕が見え始めたことではないか。当局が削除している「デマ」にどんなものがあるのか記してみる。

「倉庫会社の名前、瑞海国際物流の瑞海とは、元最高幹部李瑞環氏の弟、李瑞海氏の名前だ」、「李瑞海氏の息子は、倉庫会社の大株主」、「問題の会社には現役政治局常務委員も関わっている」「今回の大爆発が起きた原因は、次期最高指導者の有力候補として習近平主席が期待をかけていた黄興国天津市委代理書記を貶める政治的な策謀ではないか」等々。

これらの「デマ」が本当であれば、問題の大爆発は、大物政治家の利権や権力闘争が渦巻く政治疑獄へと発展するかもしれない。危機感を強めた当局は、「デマ」を徹底的に削除する手にでたのだ。だが、こうした「デマ」は、一度インターネット上に張り付けられると、次から次へと転載され、とてもすべてを削除しきれない莫大な量に膨れ上がる。

そこで当局は、「デマ」で拡散している「李瑞海」という名前の人物は、天津市内だけでも極めて大勢いるということを強調するためか、天津周辺に住む「李瑞海」さんという同姓同名の人物の顔写真を多数掲げたメールを大量発信し、世論をかく乱するという戦術にも出たようだ。実際、当時中国の検索サイトで「李瑞海」と検索すると、たちまちそうした天津周辺に住む「李瑞海」さんを集めた写真集がずらりと引っかかるという事態になった。

天津大爆発の原因は、その後、当局の調査の結果、現場に置かれていた化学物質が自然発火したことだと公表されたが、背後に大物政治家が絡んでいるのかどうかは、以前としてベールに包まれている。

一方、習近平主席が密かに将来の最高指導者候補の一人として抜擢を考えていたとされる黄興国天津市委代理書記は、爆発の直後はずさんな安全管理の責任を認めて低姿勢だったが、その後、2016年1月には、習近平主席を「党の核心として断固として守る」と真っ先に声を上げ、再び政治局入りに意欲をのぞかせた。その後も、「災い転じて福となす」とでも言おうとするかのように「爆発事故はとてもよい教師で、いかにして悪事を好事に転じるか検討中だ」と発言し、「トップとして最高責任を負うべき立場の言う事か」「被害者のことをもう忘れたのか」といった非難の書き込みがネットに殺到する事態になった。

第十二章　インターネットの監視強化と取り締まり

ネット管理強化を法制化

2015年7月1日、中国の国家安全法が全人代常務委員会で可決成立し、即日施行された。この法律では、国家の安全について、「政権や主権、領土、福祉、経済発展など国家の重大な利益が危険や内外の脅威にさらされない状態」と規定しており、海外メディアは中国の著しい軍備増強や対外進出の動きを受けて、安全保障面からこの法律を読み解くことが多かった。

ただ、中国の言論規制という観点から見ると、この法律には「あらゆるネット情報技術製品とサービスに対して国家安全の審査と監視コントロールを行う」と書かれた条文もあり、ネット規制強化などに関する方針が明文化されている点も見逃すわけにはいかない。

そして、この法律の施行を受けて、さらにその細かい規定を定める「インターネット安全法」の草案も公布され、インターネットの監視や警戒などがより細かく規定されることになる見通しだ。草案に書かれた法律の項目は以下の通りだ。

第1章　総則

第2章　ネット安全戦略、計画及び促進
第3章　ネットの安全施行
第4章　ネット情報の安全
第5章　監視、警戒及び緊急措置
第6章　法律の責任
第7章　附則

ネット規制の歴史

もちろん、中国当局はこれまでにもインターネットで当局に不都合な情報がやり取りされることを警戒し、いくつもの手を打ってきた。

まず、海外から流入する情報や、国内で交わされる情報を監視するため、「グレート・ファイアウォール（防火長城）」と呼ばれる大がかりなシステムを立ち上げた。このシステムによって、中国政府が望ましくないと判断した外国のウェッブサイトにはつながらない仕組みが出来た。さらに掲示板などに政府に都合が悪い情報が書き込まれれば直ちに削除できるよう、キーワードで国内に流れる情報を監視することも可能となり、不都合な情報は直ちに削除したり、頻繁に書き込むユーザーを検挙したりしてきた。

だが、中国のネットユーザーは、規制をすり抜けるソフトを開発するなど様々な手段で巧みに監視をすり抜けて、海外からの情報を入手するようになった。これに業を煮やした中国政府は、「途中で情報を遮断するのではなく、根元で断てばよい」と考えるようになった。そして２００９年５月、「コンピューターにはあらかじめ『緑のネット接続濾過ソフト』をインストールすることに関する通知」を発表し、同年７月から中国の国内で生産・販売される全てのパソコンにこの「緑のネット接続濾過ソフト」をインストールすることを義務付けた。これは、パソコンからインターネットの世界に飛び出してしまった後の情報を途中で監視するのではなく、パソコンの中で飛び出す前の情報を監視しようというもので、プライバシーの侵害に当たると多くの市民から反対の声が上がった。

この「緑のネット接続濾過ソフト」は、通称「緑壩《は》（グリーン・ダム）」と呼ばれ、皮肉を込めた少女キャラ「グリーン・ダムちゃん」の絵がネットに次々にアップされるなど静かながら興味深い抵抗が続いた。

筆者はどのようなソフトか、データーを全て消去した廃棄処分直前のパソコンにこのソフトをインストールしてみた。確かに、中国政府が好ましくないと判断したと思われるサイトに接続をしようとすると「このサイトは問題があるので遮断します」という表示が出て、ただちに接続が遮断された。興味深かったのは、接続可能な日本のサイトで相撲の取り組みの記事を見ていた時、力士の写真が出てきたところで「好ましくない」として遮断されてしまったことだ。パソコンの技術に詳しい友人に確かめたところ、「緑のネット接続濾過ソフト」には、画像を識別するソフトが含まれていて、肌を極端に露出している画像については「ポルノ画像」と判断して遮断する仕組みになっているとのことだった。

かように使い勝手が悪いソフトを強制的にインストールさせることに、中国のネットユーザーだけでなく、中国にパソコンを輸出してきた欧米のメーカーも反対の声を上げた。

さらには、中国が独自開発したとする「緑のネット接続濾過ソフト」の中に、海外のソフトの一部が無断で借用されていると著作権侵害の疑いまで取りざたされたことから、結局、このソフトの強制インストールはうやむやのまま立ち消えになった。

一方、パソコンの中にソフトをインストールさせることが難しいと判断した当局は、今度は別の手を考えた。ネットの世界にマイナス情報ばかりが飛び交わないよう、政府を擁護するプラス情報を書き込むための専門のアルバイト集団を組織し、世論を操作してきたのだ。このアルバイト集団は、「五毛党」と呼ばれる。「五毛」とは、中国の貨幣の単位5角（1元の半分日本円10円弱）を意味する口語で、政府を擁護する意見を1件書き込むごとに5角の報酬をもらえることからそう揶揄《やゆ》されるようになった。

米国CNNテレビの報道によると、ハーバード大学の研究チームがこの「五毛党」を追跡調査した結果、中国政府の情報統制の一環として、「五毛党」が政府に有利な意図的な書き込みをした件数が、推定年間約4億8800万件に上り、微妙な政治問題などに対する世論操作や関心をそらす工作が行われていることがわかったという。報告書ではまた、これまで「五毛党」は、報酬目当ての一般市民が多いと見られてきたが、実際には多くが政府職員の可能性があるとも分析している。


だが、中国に暮らすネットユーザーたちも、おいそれと当局の世論操作に踊らされてばかりはいない。厳しい監視をすり抜ける更なる「技」をいくつもあみ出してきたとされる。例えば、国内情報は主に「キーワード」で監視することから、このキーワードを他の言葉に言い換えて情報交換しあうようになったのだ。典型的な例としては、天安門事件を意味する「6月4日」は、当初「5月35日」と言いかえられたが、当局がすぐ気付いて削除するようになったため、その後も次々と隠語が作られている。また、文章を画像で撮影し添付ファイルで送れば、「キーワード」で引っかからないと、画像で送る人が増えている。

また、規制を突破して外国のサイトと接続できるVPNやプロキシなどといった規制回避ソフトが登場し利用している中国人も少なくないという。実際、筆者の知人は、自分のスマホの画面に映し出された小さな猫のアイコンを指さして、このソフトを立ち上げれば、世界中のサイトを自由に見られると豪語していた。

確かに、中国国内からはつながらないことになっている西側のツール、フェイスブックやツイッターなどに、明らかに中国国内に住んでいるはずの中国人が情報をアップしてくることに驚かされることもよくある。

新たな規制のスタート

当局がインターネットの更なる監視強化に乗り出した背景には、利用されるツールが、不特定多数が見ることができる掲示板や、個人同士のやり取りが多い電子メールという既存のソフトから、中国版ツイッターともいえる「ミニブログ」や、中国版ラインのような「ミニチャット」など、登録した仲間同士で小刻みに大量の情報をやり取りする新しい情報交換ツールが流行するようになったからだと考えられる。そうした新しいツールの監視は、旧来のシステムではとても太刀打ちできなくなったようなのだ。

こうした中、2016年1月、中国共産党の機関紙「人民日報」が興味深い記事を掲載した。中国当局が、ネットの「デマ」を取り締まる新たなプラットフォームを完成させ、官民挙げた「デマ」削除の体制が整ったというのだ。「デマ」処理の母体となるセンターは2014年8月の段階で既に設立され、そこに官民の監視機関が一斉に情報を寄せる大がかりなシステムが出来上がったという。

人民日報の記事には「デマのフィルター処理の流れ」と題する図式が示されていた（次頁写真）。それによると中国の「ミニブログ」などで交わされる膨大な情報の中から、全国各地の監視ポイントが毎日3万件の「デマ」を見つけ出してセンターに通知してくるという。

これを処理センターが人手で分類整理して「デマのひな型」を作成。その「ひな型」を監視システムにインプットすることで毎日平均210万件の「デマ」を自動的に探し出し、削除や転送防止の処理をする仕組みだという。既に作成された「ひな型」は30万件にも上るそうだ。

では実際に当局が「デマ」と位置付ける中身は何だろうか。2015年に処理された「デマ」を分類すると「事実にそぐわない報道」が29％と最も多く、次いで「食品の安全問題」の20％、「人身の安全にかかわる問題」の12％の順となっていた。「事実にそぐわない報道」の中には当局に「不都合な情報」が含まれているのだろう。

だが、かくも大掛かりな態勢で臨んでも「ミニチャット」などには、なお当局が広めたくない情報が氾濫している。

中国当局としても、今さらインターネットを完全に遮断したり、国民からスマホを取り上げ

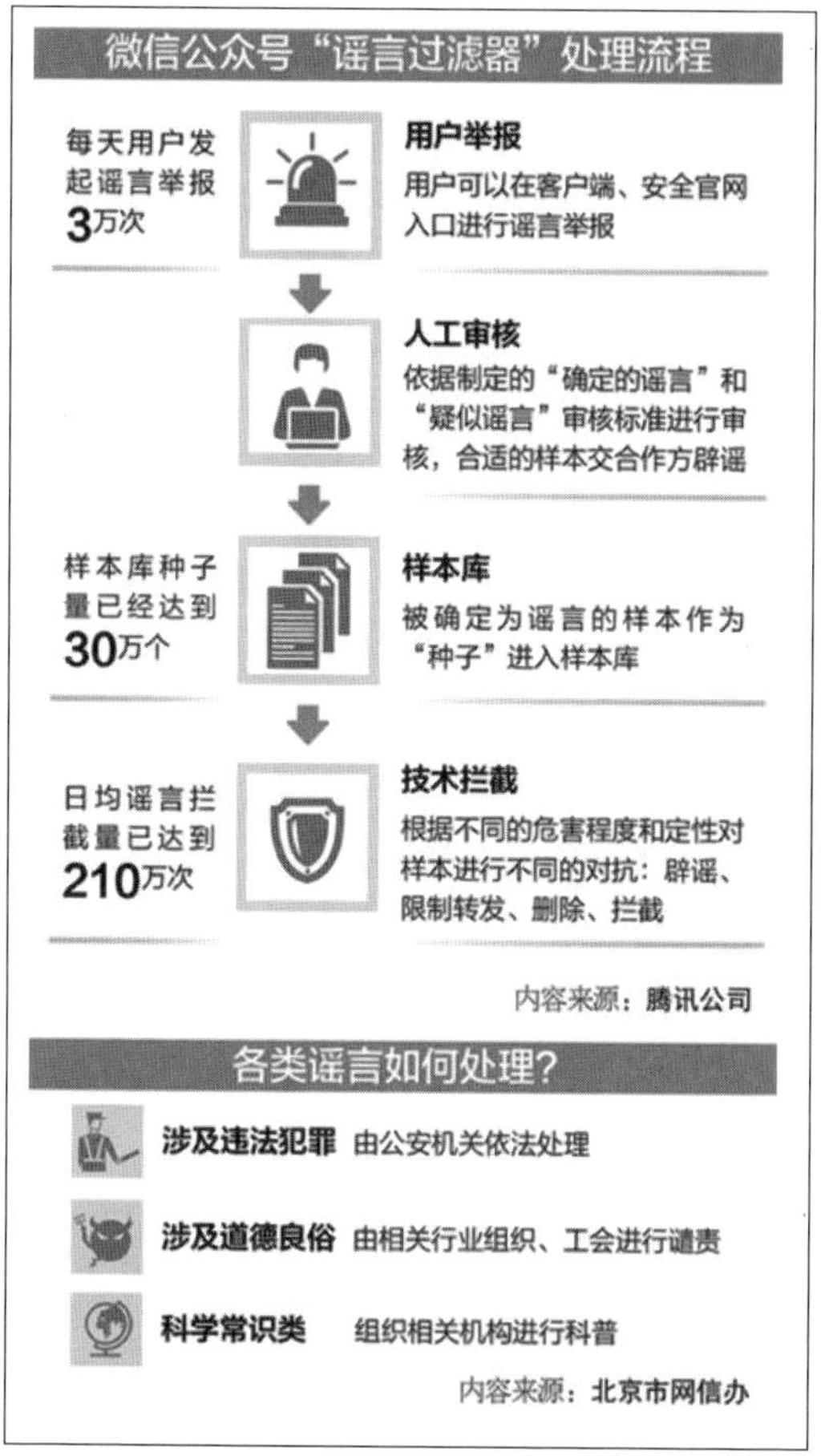

「デマのフィルター処理の流れ」（人民日報掲載）

たりするわけにはいかないだろう。どうすればネットの利便性と言論統制を両立できるのか。中国共産党の一党独裁体制の維持を至上命題とする中国当局の情報監視と、それを巧みにすり抜けて情報交換をしあうネットユーザーの間のせめぎ合いは、今後も延々と続くことになろう。

ネットテレビの一斉摘発

当局が、新聞やテレビなど既存のメディアやスマホを介した情報交換の規制に躍起となる中、その隙を突くような形で急速に拡大したもうひとつのツールが中国には存在した。インターネットを介して画像を送るネットテレビの普及だ。

ところが2015年秋、中国当局はそれまで事実上野放しの状態に近かったインターネットテレビの一斉摘発に踏み切ったのだ。

インターネットを利用してテレビのような動画を配信するサービスは、中国で2010年代に入ってから急成長をとげてきた。一口に動画配信と言っても、パソコンでウェッブサイトにアクセスすれば、パソコンの画面で誰にでもすぐに見られるものから、専用のソフトをダウンロードさせ、登録者にだけパソコン上に動画を配信するもの。さらには、ネット回線と家庭のテレビの間に「テレビ箱（電視盒子）」と呼ばれる厚めの文庫本サイズの小型受信装置を接続することでパソコンを介さず、直接普通のテレビ放送と同じようにテレビでネット動画を見られるものまで多様な形態があった。

インターネット回線を利用して動画を送るネットテレビの中でも、近年急速に存在感を増してきたのが、ネット回線とテレビの間に「テレビ箱（電視盒子）」をつなぐことで、普通のテレビのように動画を見られるタイプのネットテレビだった（写真）。最初に「テレビ箱」さえ購入すれば、従来のケーブルテレビのように毎月料金を支払う必要がない。「箱」の値段は性能によって差があるものの、日本円で2千円から2万円程度と、庶民の手が届く範囲に抑えられてきたことから爆発的な人気を集めた。「テレビ箱」の中に様々なネットメディアのソフトをダウンロードすれば、テレビ放送はもちろん、映画やテレビショッピングまで、様々な動画を山ほど見られたのだ。

（インターネットより）

皮肉なことに中国当局が国を挙げて進めている高速通信回

線網の拡充に合わせて利用者が急増し、一説によると、既に「箱」の総販売台数が中国の総世帯数の４分の３にあたる3億台以上に達したという情報も伝えられたから驚かされる。いつの間にか本家本元のテレビ放送を脅かすほどの存在に膨れ上がっていたのだ。

中国当局による規制が最も緩かったインターネットテレビの一斉摘発は、２０１５年11月に行われた。無許可で動画を配信してきたネットテレビ「風雲ライブ」や「ヒマラヤ」など81メディアの受信が遮断されたというのだ。

当局が危機感を募らせた理由は、単に視聴世帯の数が急増したことだけに留まらない。「テレビ箱」に画像を配信するメディアとしてネット販売業者など多業種が参入。競争が激化する中で、香港・台湾や日本・韓国、それに欧米のテレビ番組を正々堂々と放送するところが出てきたのだ。

■摘発を受けたと伝えられた81メディア

	メディア名	違法に転送していた主な映像や音声
1	風雲直播	香港、ベトナムなどの海外テレビの中継転送
2	開迅視頻	英国 BBC, 香港テレビの中継転送
3	千尋影視	英国 BBC, 香港テレビの中継転送
4	西瓜影音	韓国 MBC のテレビ番組転送
5	雲図 TV	香港のテレビ中継転送
6	WTV 看電視	香港のテレビ中継転送
7	電驢	香港のテレビ番組転送
8	多屏看看	香港のテレビ番組転送
9	高清影視	香港のテレビ番組転送
10	高清影視播放器	無許可で映画を放送
11	手機電視直播（黄）	無許可で映画を放送
12	手機電視直播（青）	台湾のテレビを中継転送
13	微看電視	無許可で映画を放送
14	衛視直播	香港のテレビを中継転送
15	衛視直播（青）	香港のテレビを中継転送
16	100TV 聚好看	香港のテレビを中継転送　ポルノ放映
17	91 看電視	日本のテレビを中継転送
18	VST 全聚合	英国 BBC や香港のテレビを中継転送
19	WTV 電視直播	香港、韓国のテレビ中継転送　ポルノ放映
20	電視粉	英国 BBC の番組放映
21	可可電視	香港のテレビを中継転送
22	快手看片	香港のテレビを中継転送
23	快手下載	無許可で映画や NHK の番組放送
24	手機電視	香港のテレビ中継転送
25	手機電視直播	韓国のテレビ番組を放映
26	泰捷視頻	香港のテレビを中継転送
27	兎子視頻	英国 BBC の番組、ポルノ放映
28	万能影視	英国 BBC の番組放映
29	360 影視大全	香港のテレビ番組放映
30	菠蘿視頻	英国 BBC の番組、ポルノ放映
31	高清電視在線直播	香港のテレビを中 h 系転送
32	歓流視頻	香港のテレビ番組を放映
33	看片神器	英国 BBC の番組、香港のテレビ番組を放映

34	快手美劇	無許可で映画を放映
35	邁　播	無許可で映画を放映
36	手機電影	無許可で映画を放映
37	万花筒視頻	無許可で映画を放映
38	愛動漫	無許可で映画を放映
39	電影快速播放	無許可で映画を放映
40	影視大全	無許可で映画や NHK の番組を放映
41	雲図 TV 電視直播	香港や米国の番組を放映
42	手機高清電視直播	無許可で映画を放映
43	手機捜片神器	無許可で映画や NHK のニュース 9 を放映
44	播　覇	英国 BBC の番組を放映
45	愛稀飯精選	英国 BBC の番組を放映
46	電視直播	無許可で映画を放映
47	播播視頻	香港のテレビ番組を放映
48	火花電視劇	無許可で映画を放映
49	91 視頻	米国の番組を放映
50	魔力視頻度 HD 版	無許可で映画を放映
51	影視直播	無許可で映画を放映
52	天天影視	無許可で映画を放映
53	2345 影視大全	英国 BBC の番組を放映
54	News Portal	ドイツのテレビ国際放送を中継転送
55	Brazil TV	ブラジルなどの外国テレビを中継転送
56	Thai TV+	タイなどの外国テレビを中継放送
57	快聴 fm	香港の映画の音声を放送
58	聴書室	香港の映画の音声を放送
59	熊猫聴書	香港の映画の音声を放送
60	懶人聴講座	香港の映画の音声を放送
61	wifi 聴書	香港の映画の音声を放送
62	快看 TV	香港などの海外テレビの中継転送
63	猫範 TV	香港などの海外テレビの中継転送
64	GoGo　TV	米国 VOA などの海外テレビの中継転送
65	手機電影電視直播	香港のテレビ番組を放送
66	Muslim TV	イスラムチャンネルなどの外国テレビの中継転送
67	Iraq Live TV	AL ForatTV など外国テレビの中継転送
68	愛黙電視	香港など多くの海外テレビの中継転送

69	手機在線看電視	香港やマカオなど海外テレビの中継転送
70	喜馬拉雅	政治的に有害な映画の音声を放送
71	radio.FM	画以外のラジオ放送を中継転送
72	電視直播	香港のテレビ放送の中継転送
73	iTunerDeluxe+	海外のラジオの中継転送
74	Radio	英国 BBC などの海外のラジオを中継転送
75	高清直播	米国のテレビなど海外のテレビ番組を中継転送
76	四海手機電視	香港など海外のテレビの中継転送
77	浮空電視直播	香港など海外のテレビの中継転送
78	尚聴 FM	香港など海外のラジオ放送を中継転送
79	rad.io 収音機	韓国など海外のラジオ放送を中継転送
80	FM 手機収音機	香港など海外のラジオ放送を中継転送
81	My Fm Radio	台湾の声など海外のラジオ放送を放送

それは海外から「危険な言論」の流入を防ごうと、メディアに対する規制を強めてきた当局の意向に真っ向から反するものだった。このまま放置すれば「台湾の独立」や「政治の民主化」など当局に都合の悪い動画や音声が国内に拡散しかねない。当局はそのことを何より恐れて、摘発に踏み切ったと考えられる。もちろん当局にも言い分がある。摘発されたメディアの多くは、放送権料も払わずに勝手に外国のテレビ番組をたれ流す「海賊版」放送局だったからだ。

実は、中国でもNHK「テレビ国際放送」をはじめ外国のテレビを正規に受信することが可能だ。ただ、中国当局が中身をチェックした上で、再配信する仕組みだから、当局にとって都合の悪い情報が流れれば、たちまち途中で遮断され、受信しているテレビ画面はまっ黒くなる。

ところが中国ではそれとは別に日本の国内向けテレ

ビ放送を地上波からＢＳ・ＣＳに至るまで、そのまま「無検閲」で配信するネットテレビが存在してきたのだ。日本国内で受信した動画をインターネット回線を使って中国国内のサーバーに送り、そこから中国全土に配信しているという。こっそり利用している中国駐在の日本人も少なくないようだった。11月の一斉摘発は免れたのか、その後も一時見られたという情報も漏れ伝わってきた。

中国の別の動画配信サイトの中には、日本の人気番組の映像に中国語字幕をつけ加えて配信するところさえあるという。中国の友人から聞いた話では、日本で人気のアニメや番組が放送されると、翌日には中国語字幕付きの番組が配信されるとのことだ。

インターネットテレビに対する当局の締め付けは、２０１６年春、タックスヘイブン（租税回避地）を利用していた世界の著名人や法人を暴露したパナマ文書が明るみ出た後に、さらに強化された模様だ。大金をはたいて「テレビ箱」を購入したのに面白い番組を見られなくなった庶民の間には、不満も渦巻いているという。

長年、放送に携わってきた筆者にとって、日本の人気番組や放送文化が、中国の人たちに心から受け入れられていることに悪い気はしない。一方で、海賊版やコピー商品のように、よその放送局の番組を勝手に中国国内に拡散させてしまう現象には眉をひそめざるを得ない。

第十三章　国内規制の一方で対外情報発信を着々強化

急速に進化する国際放送

「……こちらは……北京放送局……です……」

筆者が高校生だった40余年前、短波ラジオのスイッチをひねると、ザーザーという雑音のうねりの中から、途切れ途切れに日本語で語り掛けてくる女性アナウンサーの声が、よく耳に飛び込んできた。

北京放送局、正式名称：中国国際放送局は、1949年に新中国が誕生する以前から、中国共産党の対外宣伝放送局として活動をスタートさせた。建国後も、長期にわたって、主力の対外宣伝機関としての役割を果たしてきたといえる。現在は、64の言語で世界に向けて中国情報をラジオで発信している。その言語数は、日本のラジオ国際放送の3倍強。米国をも抜いて世界一だ。

しかし、最近は、街の家電販売店では、短波放送を受信できるラジオをあまり見かけなくなった。目を世界に転じても、短波ラジオで外国の情報を得ているリスナーの数は、減り続けている。このため、イタリア、カナダなど短波ラジオによる対外発信を取りやめた国も少なくない。次に掲げる一覧表のように、世界の国際放送は、短波などラジオを使ったものより、テレビによるものが主流になる傾向がある。

■世界各国・地域の国際放送の動向一覧

データブック世界の放送 2015 年より作成

国・地域名	テレビ	ラジオ	国・地域名	テレビ	ラジオ	国・地域名	テレビ	ラジオ
日本	○	○	アイルランド	×	○	イスラエル	○	○
インド	○	○	イギリス	○	○	イラン	○	○
インドネシア	×	○	イタリア	○	終了	サウジアラビア	(○)	○
カザフスタン	○	○	ウクライナ	×	○	トルコ	○	○
韓国	○	○	オーストリア	○	○↓	ヨルダン	○	○
カンボジア	○	×	オランダ	○	○↓	エジプト	○	○
北朝鮮	○	○	スイス	○	×	ナイジェリア	×	○
シンガポール	○	×	スウェーデン	○	○↓	南アフリカ	×	○
スリランカ	○	○	スペイン	○	○			
タイ	○	○	スロバキア	×	○	アメリカ	○	○
台湾	○	×	チェコ	○	○↓	カナダ	×	○↓
中国	○	○	ドイツ	○	○↓	アルゼンチン	×	○
ネパール	○	×	ハンガリー	○	復活	ブラジル	○	×
パキスタン	○	○	フランス	○	○			
バングラデシュ	○	○	フィンランド	終了	終了	オーストラリア	○	○
フィリピン	○	○	ベルギー	○	○	ニュージーランド	×	○
ベトナム	○	○	ポーランド	○	○			
マレーシア	○	○	ポルトガル	○	○↓			
ミャンマー	○	×	ルクセンブルク	×	○			
モンゴル	×	○	ロシア	○	○			
ラオス	○	○						

(NHK データブック世界の放送　2015 より筆者作成)

この表で○で記しているのは、放送を行っていること、また×は行っていないことを示す。○↓は、放送はしているが規模を縮小していることを示す。

■短波による国際放送の規模縮小ないし終了に踏み切った主な国

国　名	内　　容
シンガポール	2008年7月末に短波を使ったラジオ国際放送を終了
イタリア	2011年12月末でラジオ国際放送終了 短波放送終了は2007年9月
オーストリア	2010年以降、英、スペイン語放送廃止　独語による放送75分に縮小 2013年3月以降　欧州より外向けの短波放送を終了
オランダ	2012年オランダ語、英語、インドネシア語の放送を終了
スウェーデン	2010年以降戦略的見直し　短波、中波による国際放送の終了
スペイン	2014年10月以降　短波による国際放送終了　衛星、ネットで配信
チェコ	2011年1月に北米向け短波放送終了　衛星、ネット配信を継続
ドイツ	2011年7～10月　独、露、インドネシア、ペルシャ語短波放送終了
ハンガリー	2007年休止　2012年12月衛星ラジオで再開
フィンランド	2014年以降　テレビ、ラジオともに国際放送を終了
ベルギー	2011年末以降　短波による国際放送を停止
ポルトガル	2011年6月　短波による国際放送を中止　FMは継続
ロシア	2013年末VORがラジオ国際放送を終了、2014年スプートニクが再開
カナダ	2012年6月　短波と衛星の国際放送を終了　ネット配信に

（NHKデータブック世界の放送　2015　より筆者作成）

かねて国際放送大国をめざしてきた中国でも、そうした世界の情報伝達技術の変化の中で、主役がラジオからテレビに移り変わったといえる。

急成長したテレビ国際放送

中国は1992年にテレビ国際放送を開始した。担当したのは、それまでラジオで情報を海外に発信してきた中国国際放送局ではなく、国内向けにテレビ放送を行ってきた中国中央テレビ（ＣＣＴＶ）だった。

国内と国際を同じテレビ局が受け持つようになったのは、テレビ国際放送を急速に拡大させるうえで、すでに熟練した番組制作要員や技術要員を多数抱えるＣＣＴＶに任せる方が、まったく新しい国際放送専門のテレビ局を立ち上げるよりも、効率的であるとの考えがあったからだと考えられる。実際、同じテレビ局で、国際放送と国内放送の両方を行う方が、映像素材など膨大な映像・番組ソフトを共有できるため、大変有利だからだ。

興味深いことに、中国のテレビ国際放送は、普通のテレビ放送と同じように中国国内でも見られるようになっている。

ＣＣＴＶのある幹部は、筆者にこう説明した。

「改革開放政策で中国に滞在するようになった多くの外国人に見て親しんでもらうことこそ、国際放送のＰＲに絶大な効果があるのです」

１９７８年に改革開放政策を打ち出して以来、中国には、ビジネス・観光を問わず、非常に大勢の外国人が世界中からやってくるようになった。そうした外国人にとって、中国語以外の言語で、中国のことを紹介するテレビを見られることは、中国を理解するうえで大変役立つというわけである。

２０１３年現在、中国中央テレビが発信し、大都市の一般の家庭でも見られるチャンネルは、非常に増えている。以下は、同テレビ局が発信しているチャンネルの内容である。

■中国国内で受信可能なCCTVのチャンネル

CCTV-1　総合　総合チャンネル　ニュース中心
CCTV-2　財経　経済チャンネル
CCTV-3　総芸　芸術総合チャンネル
CCTV-4　中文国際　海外向け中国語放送（国内も視聴可）
CCTV-5　体育　スポーツチャンネル
CCTV-6　電影　映画チャンネル
CCTV-7　軍事・農業　軍事・農業チャンネル
CCTV-8　電視劇　ドラマチャンネル
CCTV-9　記録　ドキュメンタリーチャンネル
CCTV-10 科教　科学教育チャンネル
CCTV-11 戯曲　戯曲チャンネル
CCTV-12 社会与法　社会と法　チャンネル
CCTV-新聞　24時間ニュース
CCTV-少児　こどもチャンネル
CCTV-音楽　音楽チャンネル
CCTV ドキュメンタリー英語版
CCTVNEWS　英語ニュースチャンネル
CCTV-F　海外向けフランス語放送（国内も視聴可）
CCTV-E　海外向けスペイン語放送（国内も視聴可）
CCTV-A　海外向けアラビア語放送
CCTV-俄　海外向けロシア語放送（国内も視聴可）
CCTV-高清　ハイビジョンチャンネル
CCTV　欧州向け中国語放送
CCTV　米国向け中国語放送
CCTV　HDドラマ、ドキュメンタリーなど現在、ＣＣＴＶが放送するチャンネル数は26に上るが、このうち8チャンネルを国際放送が占める。使用言語は、中国語、英語、仏語、ロシア語、スペイン語、アラビア語と6言語8チャンネル。国連の公用語はすべて網羅している形だ。

その番組内容を見ると、中国共産党のプロパガンダ色が強い国内向け放送とはまったく雰囲気が異なり、受信地域の視聴者が、違和感なく見られるよう、その番組の内容にかなり手の込んだ工夫が施されていることがよくわかる。

中国のテレビ国際放送拡大の経緯をまとめると次頁の表のようになる。

この経緯を見ると、以下のような特徴が明らかになる。まず、最初に中国語のテレビ国際放送を開始し、政治宣伝色が強い国内向け放送とは異なる、外国向けソフトの開発力を身に着けている。つづいてこれを英語に翻訳する形で英語放送を始め、英語で外国語放送のノウハウを身に着けた後、スペイン語とフランス語放送、さらにアラビア語、ロシア語と、段階的に言語数を増やすという手順を踏んできた。

注目に値するのは、中国が対外宣伝の最大のターゲットにしている米国への積極的な取り組みだ。首都ワシントンの中心部に大掛かりな情報発信拠点を設け、中国国内からだけではなく米国内で対米宣伝の番組を発信しているのだ。拠点で働くスタッフの数は２００人近くに上り、

1992年	中国語を中心とした国際放送チャンネルCCTV4が放送開始
2000年	英語専門チャンネルCCTV9が放送開始
2003年	スペイン語とフランス語によるCCTVE&Fが放送開始
	CCTV局内に「走出去工程弁公室」を開設
2004年	中国衛星テレビ「長城平台」美国平台スタート
2005年	「長城平台」アジア平台スタート
2006年	「長城平台」欧洲平台スタート
	CCTV4がアジア、欧州、米州の三地域ごとの放送を開始
2007年	「長城平台」カナダ平台スタート
	CCTVE&FがCCTVEとCCTVFに独立し、24時間放送を開始
2008年	「長城平台」ラテンアメリカ平台スタート
2009年	「長城平台」東南アジア平台スタート
	CCTVアラビア語専門チャンネルスタート
	CCTVロシア語専門チャンネルスタート
2010年	「長城平台」豪州平台スタート

（CCTV公表の資料より筆者作成）

欧米人の有名ジャーナリストを高給でスカウトして、仲間に組み入れている。

中国の対外発信のもうひとつの特徴は、単に、テレビ国際放送の発信をするだけでなく、国内向けの放送や、地方放送局のチャンネルも束にして配信するプラットフォーム(長城平台)を、各地域に次々と設営し、こうしたプラットフォームを拠点として、国内向けも含めた大量の番組を世界中に発信するメカニズムを作り上げたことである。

つまり、米大陸や欧州、東南アジアなどに、「長城平台」と名付けた放送発信のプラットホームを設置。世界の多くの地域で中国国内向けのテレビ放送ですら中国国内と同じようにいくつも視聴できる仕組みまで築き上げてしまったのだ。

中国当局が、このような戦略をいち早く打ち出せたのは、1990年以降、世界のテレビの伝送方式が、アナログからデジタルに変わり、やがてインターネットとも融合する時代が来るとの認識をいち早く抱き、デジタル化技術による大量チャンネル配信の波に乗り遅れまいとの危機感を募らせてきたからに違いない。90年以降、テレビ技術は、多チャンネル化よりも画質を優先するハイビジョン化の方向と、逆に、画質の高度化よりも多チャンネル化を優先するマルチチャンネル化の方向という、二つの選択肢をもたらした。画質を優先すれば、必要とするチャンネルの占有帯域が広がり、チャンネル数は少なくなる。逆に、多チャンネル化をめざせば、各帯域を狭めるため、画質はさほど良くならないというジレンマがあった。

日本の場合は、ハイビジョンや4K、8Kなどさらにそれを上回る高画質でのテレビ放送を主要な目標としてきた。もちろん、CSを使った多チャンネル化も進めてはいるが、主流は高画質を目指す方向に違いない。一方、中国の場合は、多チャンネル化を最優先した。それが、結果として、国際放送の多チャンネル化を一足早く促進させることにつながったといえるだろう。ただその代償として、中国の一般チャンネルの画質はさほど良くないことが玉に傷だ。

世界中に移り住んだ中国人や華人を主な視聴対象にした中国のプラットフォーム（長城平台）による大量国際配信をまとめると以下のようになる。

主な長城平台

①長城（米国）平台

2004年10月にスタート　22チャンネルを衛星、ケーブルTVを通じて放送

②長城（アジア）平台

2007年1月に拡大　IPTVも導入　23チャンネル

2005年2月スタート。アジアサットを使って、香港、マカオ、台湾、韓国、ベトナム、ミャンマー、タイに配信

③長城（欧州）平台

2006年8月　IPテレビの形でスタート。IPテレビ（14チャンネル）ケーブルテレビ、衛星放送など様々な方式でヨーロッパ全域をカバー

④長城（カナダ）平台
2007年1月　IPTV方式でカナダ国内に23チャンネル配信

⑤長城（ラテンアメリカ）平台
2008年1月スタート　衛星放送の形で15チャンネルを配信

⑥長城（東南アジア）平台
2009年9月、IPTV方式で東南アジアに配信

⑦長城（オーストラリア）平台
2010年11月スタート

ラジオ国際放送局の反撃

テレビ国際放送の急成長で押され気味だったラジオの国際放送局が、習近平政権が打ち出した「既存メディアとニューメディアを統合する方針」に便乗する形で最近、巻き返しに出てき

中国国際放送局

局内に貼られたネットテレビとネットラジオの宣伝

た。まず中国国際放送局が、中国を代表するインターネットサイト「中華網」を傘下に収め、10の外国言語でホームページを立ち上げたのだ。そして、それをベースにテレビ放送のような動画配信を始めた。その中には、ＣＣＴＶのテレビ国際放送にはない日本語番組もある。

中国国際放送局の元幹部は、筆者にこう語った。

「世界の若者の間では、テレビよりネットから情報を得ようとする人が増えています。我々はそうした時代の潮流の変化をチャンスととらえています」

２０１５年中国国際放送局を訪問した筆者は、国際放送局がインターネットテレビやネットラジオと言う新しいツールを活かして、新たな脱皮を試みようとしている姿を目の当たりにした。館内には、ネットテレビやネットラジオを宣伝する掲示が大きく張り出されていた。

国際放送重視のねらいは

中国が、国内の言論規制を強める一方で国際放送による大量の情報発信に熱を上げているのは、国際社会で大国にふさわしい影響力を保持するために、自らの立場を広く世界に宣伝する必要があると考えているからだろう。経済力や軍事力を背景に存在感を増す中国に対しては、世界中から警戒の目が注がれている。それを踏まえた上での巻き返し戦略なのだ。

それができるのも、中国の報道機関自体が、当初から国の宣伝機関だと位置付けられているからに他ならない。

翻ってわが国日本はどうだろう。不偏不党を是とする報道機関が、日本の国益を背負って対外宣伝の先頭に立てるであろうか。自問すればするほど、国際放送という事業の難しさと役割の重みを痛感せざるを得ない。

第十四章　習近平主席の政策に新たな変化

変化の予兆

「習近平主席をめぐる報道が、最近どうもおかしい」

２０１６年3月下旬以降、筆者は中国共産党の機関紙人民日報を読み、中国中央テレビのニュースを見るたびに、その報道の背後で新たな政治権力の地殻変動がおきているのではないかと疑い始めるようになった。

本書では既に、第一章と第二章で、習近平主席が２０１６年初頭から、権力を一気に独占する動きを見せ、それがあたかも毛沢東主席に対するような個人崇拝を得ようとしているかのように見えたことを記した。習近平主席は、2月半ば、メディアに対して「党の姓を名乗れ（姓党）」と要求し、絶対忠誠を求めた。また、これに対して共産党員でもある著名なブロガーが反発し、中国のサイトや米国のサイトに習近平主席の辞任を求める公開書簡が次々に書き込まれる異常事態となったことも記した。

筆者の分析では、習主席に対する二通の「辞任要求」にはひとつの共通点があった。それは、反体制派の中国人たちが非難してきた「民主化」や「人権問題」にはほとんど触れず「中国共産党規約」を遵守すべきだという観点から、習近平主席の権力独占や個人崇拝の動きに反対する立場をとっていたことだ。

　このため中国当局は当初、中国国内に政治的な黒幕がいると見て、犯人探しに血眼になった。だが3月末になると、中国メディアの報道ぶりから党内情勢に異変が起こり始めたことが見えてきたのだ。

　筆者が最初に気付いたのは2016年3月28日に、中国の官製ネットメディアが中国の新世代戦闘機J10を設計した宋文驄《そう》氏の葬儀を報道した記事だった。

　葬儀の参列者や弔電を送ったとして読み上げられる指導者の名前の序列は、常に時の権力関係を反映してきた。このため著名な党幹部の葬儀のたびにそこで発表される指導者の序列には常に神経をとがらせざるを得ないのが中国ウォッチャーの宿命だ。

　くだんの報道では、習近平主席のすぐ後に胡錦涛前主席の名前が続いていた。それまでの葬儀では、すでに引退した胡錦涛氏の名前は、政治局常務委員7人の後に並べられることが通例だった。それが現役の指導者6人を追い越して習近平主席の直後に繰り上がったのだ。しかも、報道された指導者や長老の中に、かつては絶大な権力を握っていた江沢民元主席の名前がなかったのだ。それは、江沢民氏の影響力の低下と胡錦涛氏が力をもりかえし影響力を行使し始めたことを暗示するものだった。

影の最高実力者は胡錦涛氏か

ここで一つの仮説を記したい。それは2012年秋から2013年春にかけて完全引退したことになっている胡錦涛氏は、実は習近平主席を表に立て、背後で何らかの影響力を行使し続けてきたのではないかというものだ。習近平主席は、本来、胡錦涛氏率いる共産主義青年団（共青団）がその後継者としてグループの李克強氏を選ぶことを妨げるために、江沢民派が担ぎ上げたと言われてきた。ところが、習近平主席は、就任するや徹底的な反汚職キャンペーンを展開し、その牙を本来自分の支持母体であるかに見えた江沢民派に向けたのだ。このため一時は中国共産党内で圧倒的な支配力を見せた江沢民派も、わずか3年余りでボロボロに衰退し、その存在感は薄れてしまった。だが、中国の長い歴史を振り返っても、自分を支持してくれる勢力をめった切りにし、逆に、本来政敵である勢力にはほとんど刃を向けなかった権力者はほとんど皆無に等しいだろう。

では江沢民派に代わって習近平主席を強く支持する強大な勢力が別に存在するかと言えば、決してそうとも言えない。習近平主席は、父親がかつて副首相をつとめた習仲勲氏であることから、高級幹部子弟を総称する太子党（紅二代）に属すると言われてきた。ただ、太子党と呼ばれる実力者たちは数の上では数百人程度で、しかも強い組織力があるわけでもない。習近平主席が若い頃、軍人として国防相の秘書をしていたことから、軍のバックアップがあるという見方もできるが、軍が共産党内の政治抗争に圧力をかけているようには見受けられない。むしろ、習近平主席は、かつて軍の中で大きな権力を握っていた制服組ツートップの軍事委前副主席を次々と反腐敗キャンペーンで摘発し、さらにこれまで聖域とされた総政治部や総参謀部と言った軍の主要4部門を事実上解体するなど、軍の既得権益を打破するような政策を進めた。これは、軍を強力な支持基盤として頼りにしている指導者にはとてもできない荒業だったといえる。このほか習近平主席の支持基盤としては、かつて延安で青年時代を共に過ごした盟友の王岐山氏のように、陝西省に何らかか関わった人脈や、習近平主席がかつて長く勤務した福建省や浙江省などで仕えた「之江派」と呼ばれる人たちがいるとも言われているが、これも数の上では決して多いとは言えない。

これに対して、胡錦涛前主席や、現在ナンバーツーの立場にいる李克強首相が属する共青団は、共産党員の数にも匹敵する８０００万人以上の団員を抱え、地方の隅々にまで及ぶその組織力と影響力は比較的盤石だと言えるのだ。習近平主席が大きな権力を行使できるのは、その背後に本来は対立軸にあった胡錦涛氏ら共青団の支持があったからと考えた方がよいと思われる。

そして筆者が注目するのは、胡錦涛氏の髪が引退後も黒々としていることだ。中国の最高指導部にあたる政治局常務委員は、活力ある姿を示すためか、必ず髪を黒く染めるという不文律があるとされる。実際、汚職などで失脚した周永康氏は、現役の政治局常務委員時代には黒々とした髪をしていたのに、身柄を拘束され裁判に現れた時には白髪の老人と化していた。中国の最高指導部で活躍した指導者たちも、引退すると髪を染めるのをやめ、みな年相応の髪に色が変わるのだ。ところが胡錦涛氏だけはいまだに髪が黒々としている。2015年9月の軍事パレードで天安門の楼上に姿を見せた長老たちの中で、胡錦涛前主席だけが黒い髪をしていた。胡錦涛氏は、2016年現在74歳だから、まだ白髪にならない体質なのかもしれないが、筆者にはあの黒髪が、「まだ現役である」ことを示唆するように思えてならない。

中国の内情に詳しい中国人の友人はかつてこのようなことを話してくれた記憶がある。

胡錦涛主席は現役時代、将来を託す習近平氏と李克強氏の2人に、自分たちがツートップの座に就く前に、どうしたら中国共産党の支配を10年後まで継続できるか、どのような改革をしなければ生き残れないか、しっかりとした青写真を描くよう求めたというのだ。

当時、中国には権力と同時に権益も享受してきた江沢民派や国有企業にぶら下がる官僚たちによる汚職がまん延し、国民の共産党に対する信頼も地に落ちていた。軍隊の腐敗も深刻で、軍の将校たちは、昇進するために上官に賄賂を贈ることが常態化していたのだ。そこで描かれた青写真こそが、徹底した反腐敗キャンペーンと軍をまともに戦える軍隊に生まれ変わらせる大規模な軍の再編だった。習近平国家主席は、これまでまさにその青写真に沿って、粛々と共産党の生き残り策を講じてきたというのだ。

また中国の内部事情に明るい別の知人は、中国共産党の最高指導部は事実上3人と影の1人によって重要な政策決定がなされているということを教えてくれた。中国の最高指導部は、政治局常務委員7人で構成されているが、その中で中核の力を発揮しているのが、習近平主席と李克強首相、それに反腐敗キャンペーンを任された王岐山氏の3人だという。そしてこの3人に影から強力なアドバイスをしているのが、胡錦涛前主席だというのだ。見かけ上、全ての権力を習近平主席に集中させたのも、全てこうした指導者たちのバックアップを前提としたものだったというのだ。

焦燥感がにじんだ習近平主席の動き

ところが習近平主席は、2016年初頭から自らを毛沢東主席のように絶対的な指導者として個人崇拝させるかのような動きに出た。またこれまでは避けてきた共産主義青年団に対しても組織を弱体化させるような圧力をかけてきたという。習近平主席の周辺には共青団の予算を削減したり役割りの見直しを求めたりするような動きが出てきたと伝えられている。

こうした動きに対して、これまで引退した後は、現役の政治には口を出さないことにしていた長老たちが、異を唱え始めたという。

なぜ習近平主席の周辺がそのような行動に出たのか、それは2017年秋に開かれる第19回党大会を強く意識したものではなかったかと筆者は推測する。この党大会では、現在の最高指導部7人のうち、習近平主席と李克強氏の二人を除く5人が引退する見通しだ。そしてその後任は政治局員の中から引退しない若手が昇格することになるが、ポスト習近平―李克強体制を担う若手としては、年齢的に胡錦涛氏の息が掛かった胡春華氏と孫政才氏しかいない。またそのほかの指導者も圧倒的多数が胡錦涛氏の配下にある共青団出身の指導者で、集団指導制の原則を貫けば、次の最高指導部は完全に共青団系列によって仕切られることになる。それは、かつて胡錦涛前主席の時代に、最高指導部を江沢民派の指導者で埋めつくされ、思うように政策がすすめられなかった時のような悪夢がよみがえると、習主席には思えたのかもしれない。

だが、その流れに逆らうためには、習近平主席の後を継ぐ若手指導者を二段跳び以上で大抜擢しなくてはならない。その意味で一番期待されていたと思われるのが、習近平主席が浙江省の副省長をつとめていた頃の部下で天津市代理書記の黄興国氏とされたが、天津大爆発の責任を問われ二段跳びは難しくなった。次善の策としては、習近平主席が浙江省党委書記時代に同省宣伝部長を務めた貴州省党委書記の陳敏爾《じ》氏の名があげられる。習主席とつながりの深い「之江派」にはこのほか、浙江省党委書記の夏宝竜氏や、甘粛省党委書記の王三運氏がいるが、一気に最高指導部に抜擢するためには、現在の政治局常務委員7人の合意を得なくてはならず、そうした抜擢人事はなかなか習近平主席一人の独断で決めることは難しいのが実情だ。

「両学一做」運動を伝える人民日報（2016 年 2 月 29 日）

「両学一做《さく》」運動が示すもの

筆者が中国の政治の新たな潮流の変化に気付いたもう一つの動きは、２０１６年2月末、全人代が始まる直前から静かに始まった「両学一做」運動だ。「両学一做」とは「①党規約や党の決りを学び、②習近平主席の過去の一連の重要演説を学び、③ふさわしい党員になること」を意味する。

まったく関連性がないのかもしれないが、この「両学一做」運動と習近平主席の辞任を求める2通の公開書簡は微妙なタイミングで交互に世に知れ渡る形になった。つまり、「両学一做」運動が始まった直後に、まず習主席に対する最初の辞任要求の公開書簡がネットに書き込まれた。そして3月下旬、二番目の公開書簡で「習近平国家主席が党規約に違反して個人崇拝を許した」と指摘した後に、「党規約を学びなおそうという」この運動が盛り上がりを見せた形になる。

パナマ文書公開の衝撃

2016年4月初め、海外からさらなる衝撃が習近平政権を襲った。それはパナマの法律事務所「モサック・フォンセカ」が1970年代から作成し蓄積してきたとされる、タックスヘイブン（租税回避地）を利用した行為に関する機密文書「パナマ文書」が公開されたことだ。一連のリストには、習近平主席の親族など、最高指導部ともいえる政治局常務委員7人のうち3人の関係者の名前が挙げられていた。このため、中国国内では、厳重な報道規制が行われ、最高指導部の関係者の名前がパナマ文書に書かれていることは一切報道されていない。租税回避地に会社を設立したり、そうした会社に投資をしたりしていても、法律に違反していなければそこまで神経質になる必要はないだろう。

だが、共産党の幹部が親族の名義で不正な金を海外に持ち出したり、租税回避地に貯えたりする行為は、典型的な中国の汚職のパターンと言えた。もちろん、習近平主席の親族をはじめそのほかの政治局常務委員や元幹部の関係者の名前がパナマ文書にあったとしても、それだけで汚職と決めつけるわけにはいかない。ただ、習近平政権は、これまで「反腐敗キャンペーン」を徹底して行い、毎年5万人もの不正な行為を摘発してきた正義の味方だったはずだ。パナマ文書のことが国民に知られたら、「さんざん取り締まってきた方も、結局腐敗していたのではないか」と疑われかねない。そうなれば習近平政権の反汚職キャンペーンに喝采を送ってきた国民の支持は一気に冷めてしまうのではないか。それを一番警戒しての徹底した箝《かん》口令なのかもしれない。

「両学一做」学習教育工作座談会

興味深いのは、「両学一做」運動が再び盛り上がりを見せたのは、パナマ文書の公表の直後でもあったことだ。パナマ文書は2016年4月3日（現地時間）に最初に公表されたが、時差を考えるとそのわずか2日後の4月6日に、劉雲山政治局常務委員が音頭をとって『両学一做』学習教育工作

■4月半ば「両学一做」運動を展開した地域　4月14日人民日報より

単位	行われた活動
湖南省党委員会	様々なレベルでそれに応じた学習教育を行う
浙江省党委員会	各地域で学習活動
安徽省岳西県	革命根拠地での学習運動
河北省党委員会	省内の党支部で四半期に一回党員総会を開き学習
陝西省党委員会	全省の学習テレビ工作会議を開催
河南省党委員会	省各地で学習を展開
貴州省党委員会	省、市、県、郷、村各レベルで展開
山東省党委員会	「両学一做」運動を党教育の中心に

座談会」（前頁写真）を開き、この運動を全国的に徹底して進める方針が打ち出された。

２０１６年４月14日付の中国共産党機関紙「人民日報」によるとこの運動は毛沢東主席のふるさと湖南省や習近平主席がかつてトップを務めた浙江省、さらには革命の聖地がある陝西省、安徽省、貴州省など各地で積極的に展開されたという。それは、習近平主席を「党の核心」と呼ぼうとする運動が地方で広まったことを打ち消すような新たな地方への展開のようにも筆者には思えた。

「両学一做」運動は、その後、全国レベルの地域や各党、政府などの職場ごとに行われているが、最初に口火を切って行ったと報道された地域が、年初めに「習近平総書記を党の核心とする」といち早く表明した地域とは、微妙にずれていた点は興味深い。

ところでこの運動で求めている「党の規約や党の決り」

「習近平主席の一連の重要演説」とは何か。筆者はその核心は、辞任要求の公開書簡にも書き込まれた中国共産党規約の第十条第六項にあると考える。

（中国共産党規約第十条第六項）

「党はいかなる形式であっても個人崇拝は禁止する。党の指導者の活動は、必ず党と人民の監督のもとに置かれていることが保証されなければならないし、同時に、一切の党と人民の利益を代表する指導者の威信を保たなければならない」

個人崇拝を復活させようとする一部党内の動きについては、こうした党規約の規定は、あたかも言論の自由を保証した憲法35条のように、あくまで「建前」にすぎないと軽く見る風潮があったのかもしれない。「両学一做」運動は、まさにそうした風潮を厳しく戒めるねらいがあったと言えそうだ。

要するに「両学一做」運動は、習近平主席に対する個人崇拝や権力独占に反対し、党規約に規定されている集団指導制に立ち返るよう促す運動のようにも筆者には思えたのだ。実際に、各地で展開されている運動の中身は、党員が机を並べて党規約をひたすら書き写す作業だという。ただ、その本意を隠すためであろうか、人民日報には習近平主席の過去の重要演説の全文が大量に細かい字で次々と掲載された。しかし、要点をまとめた記事も付けずに、演説全文を次々と掲げれば誰も読もうとはしないだろう。これも習主席批判の一環と見ることができるかもしれない。

他のねらいもあったのか

『両学一做』運動を主導しているのは、中国共産党の最高指導部の中でも、党の宣伝を担当している劉雲山政治局常務委員や劉奇保宣伝部長だ。一方、２０１６年初に『習核心』運動を進めようとしたのは栗戦書党中央弁公室主任だと言われている。両者の間に立場に明らかな違いがありそうだ。後者は習近平主席の権力独占を進めようとする方向、前者はそれを食い止めようという方向だ。

中国最高指導部の内情に詳しいある幹部はこう語る。

「習近平主席は、来年秋以降についても、自分がリーダーシップを握り続けるためにはどうしたらよいかを考えているようです。毛沢東時代のような絶対権力を握れば、来年秋以降、政治局常務委員の大半が、胡錦涛派と言われる共青団系で占められてもイニシアチブが取れるという考えもあったのでしょう。しかし、それが党規約違反と言われれば、別の方法を考えざるを得ないのです」

方針転換の決断

果たせるかなそうした流れの中で２０１６年4月19日習近平主席が動いた。北京で、サイバーセキュリティ・情報化工作座談会を開いて重要演説を行ったのだ。この中で習近平主席は、次のように述べてインターネット世論を尊重する方針を示したのだ。

「各クラスの党・政府機関の指導幹部は、インターネットを通じて大衆路線を歩むことを身に着け、常にネットを閲覧し、大衆の考えや希望を理解し、良い考えや素晴らしい提案を集め、積極的にネットユーザーの関心事に応え、疑念を解消しなければならない。広範なネットユーザーに対して、より多くの包容力と忍耐力を保ち、建設的な意見は直ちに取り入れるべきだ。(中略）インターネットを、大衆を理解し、大衆に近づき、大衆の不安や困難を取り除く新たな手段とし、人民民主を発揚し、人民による監督を受ける新たなルートとしなければならない。**インターネット上の善意からの批判や、インターネットによる監督については、党と政府の活動**

に対して出されたものであろうが、指導幹部個人に対して出されたものであろうが、さらに穏やかなものであろうが、耳に痛い忠告であっても、我々は歓迎しなくてはならないだけでなく、真剣に検討・吸収しなければならない」（太字筆者）

これはインターネット上に示される民意、つまり下からの意見を重視し汲み取れというもので、2カ月前の座談会で、メディアに対して「党の代弁をせよ」と、上からの情報を絶対視させるかのように呼びかけた方針からは、かなり方向転換したようにも受け止められる。とりわけ「耳に痛い忠告」でも受け入れる姿勢を示したことは、第二章の冒頭でご紹介した人民日報の記事をかなり意識したもののようにも思える。これを、個人崇拝に反対する意見を習主席が受け入れたと読み解く人もいた。

この演説の効果は、人民日報や中国中央テレビなど官製メディアをはじめとする様々な中国メディアの報道にも表れるようになった。例えば会議や視察などの写真を掲載する場合、習近平主席だけを突出した指導者として扱わないよう周囲の人を大勢写し込み、個人崇拝だと受け取られないような構図のものが増えた。中には、写真の中のどこに習近平主席がいるのかよく探さないとわからないような会議の全景写真のようなものも目立つようになった。

その一方で　李克強首相の演説の全文が掲載されるなど他の指導者の仕事も比較的大きく報

道される割合が増した。それは習近平指導部が党規約の規定に沿って、集団指導制を重視することを強くアピールするものだと言えよう。だが、それで習近平主席が自らのリーダーシップ強化と独占の方針を簡単にあきらめたと考えるのはまだ早計のようだ。

新たな権力闘争の始まり

２０１６年５月９日、人民日報の第一面の下の方に不思議な経済政策の記事が掲載された（上の写真）。中国の経済情勢の展望や、構造改革を進める上で問題となる雇用問題をどうするかなどについて、人民日報が経済の専門家に独占インタビューしたものだ。ただ、インタビューした相手は「権威筋（権威人士）」とするばかりで、その専門家がいったい誰なのかについて記事では一切触れていない。いろいろな経済記事を書く中で、その一部にそうした「権威筋」の見方を紹介することはよくあるだろう。

しかし、単独インタビューと銘打って、しっかり話を聞く相手の名を明かさないのであれば、インタビューの信ぴょう性さえ疑われても仕方がない。

もっとも、インタビューの答えの内容は、中国経済は「L字成長のような低迷が続く」と分析し、現在進められている構造改革などの経済政策にいろいろと問題があることを指摘していた。この記事を純粋に経済の記事と見れば、中国経済の実情を冷静に分析し、それなりの提言をしたものだととらえることもできよう。

ところがこれを読んだ中国人たちは、この記事を純粋な経済記事とは読まなかったのだ。中国の内情に詳しい中国人幹部によると、あの記事は、李克強首相が進める経済政策を批判することが最大の狙いで、李克強氏を首相の座から追い落とすために、経済の失策を羅列したものだというのだ。ある幹部はこう語った。「あの記事が出た日、中国の株式市場は急落しました。経済の権威筋なら悲観的な見通しを人民日報に掲載すれば、中国経済に負の影響を及ぼすことくらいわかっていたでしょう。あの記事には、経済的な動機より、政治的な意図が働いていたと見るべきです」 李克強首相を支持している共青団系の支持者たちは、インタビューに答えた権威筋とは、習近平主席の経済指南役で、李克強首相と経済政策で張り合う劉鶴国家発展改革委員会副主任のことではないかと疑っているようだった。劉鶴氏は習近平主席と1960年代に北京の幹部子弟が学ぶ中学で学友だったといわれる。習近平主席の権力を個人崇拝によって高めようとして失敗した人たちが、政治の面では引き下がったものの、逆に経済面で李克強首相を攻撃し、ライバルの力を削ぐことで習近平主席の力を強めようとしているのだという。

中南海の内部事情に詳しい別の党幹部は、筆者に次のような情報を耳打ちしてくれた。

「習近平主席が、手にした権力を易々と人に譲ることは絶対にありえません。習近平主席の周辺には、最大のライバルである李克強首相を強く批判し、閑職の全人代常務委員長に追い落とそうという動きもあります。4月19日の座談会で、習主席が個人崇拝をあきらめたかのような発言をしたと報道されていますが、あの座談会を開く前に、多くの専門家を集め、どうしたら個人崇拝とは違う形で、習主席がリーダーシップを強化できるかを検討させていたのです。そうした検討の参加者の中には、来年秋以降、現在の集団指導制の要となっている政治局常務委員を廃止して、かつての毛沢東時代のように、党主席と党副主席を復活させ、あとは政治局員にするという体制改造を考えている人もいます。それが無理でも、政治局常務委員のポストを現在の7から5あたりに減らすことで、習主席の発言力の低下を食い止めようと考えていると思いますよ。江沢民派を壊滅させた今は、攻撃の矛先を共青団に向け『共青団は本来あるべき姿から逸脱した組織に成り果てた』などと非難して、組織を骨抜きにしようと画策しているようです」

だが、筆者の知り合いの中にはそれとは異なる見解を語る情報通の幹部もいた。

「習近平主席が、毛沢東時代のような個人崇拝に戻そうとしたことで、それまでは最高指導部の方針に口をはさむことを避けてきた引退長老幹部が声を上げ始めています。李克強首相をむしろ格上げしてトップに据えた方がいいという声も出ました。党規約には、党の中央政治局員、中央政治局常務委員、および中央委員会総書記は、中央委員会総会で選挙をして選ぶとはっきり示されており、一人の指導者の判断で勝手に政治局常務委員を廃止することはできません。第一、党総書記は政治局常務委員から選ばなくてはならないと明確に規定されています。これも無視できないでしょう。ましてや、毛沢東時代のような党主席を復活させたり共青団を解体したりすることなぞもってのほかです。集団指導制の理念に反しますからね。だからこそ『両学一做』運動をやって、もう一度、党規約を学びなおしてもらうしかない。党規約を守れないのなら共産党員をやめてもらうしかない」

中国の政治に精通している両者の見方がかくも異なることは、実際に権力の中枢で、異なる考えがぶつかり合っていることを予想させるものだ。香港では、中国政治の中枢がある「中南海」の中で南側に陣取る習近平主席と、北側に陣取る李克強首相との間で「南北抗争」が激化しているという噂が急速に広まり始めた。

人民日报　7 理论

党员干部守诚信的时代内涵

人民要论

一把手怎样名副其实

思想纵横

积极借鉴历史上优秀廉政文化
纪检干部要当现代“铁包公”

弘扬西柏坡精神
在新“赶考”中交出优异答卷

「トップ（一把手）」とは誰のことか

2016年6月13日の人民日報7面には「トップはどうすれば名実伴うか（一把手怎样名副其实）」と題するさらにきな臭い記事が掲載された（写真の右上部分）。

この記事は「日常生活では、様々な職場や部門で一番の指導者をトップ（一把手）と呼ぶのが習慣だ」という一般論で書き出されている。誤解がないように、これから述べるトップとは、中国全土にあまた存在する各職場や部門の指導者について書くのだということを宣言しているようにも見える。

そしてどうすればよいトップになれるか？　と問いかけたうえで、「舵をしっかりつかむ」、「要所をおさえる」、「局面をよく把握する」、「陣地をしっかり築く」といったトップの心得を列挙している。

そこまで読むと、まるで「人の上に立つ者」のあるべき姿を諭す一般論のような印象を受ける。ところが後半になると「あるべきトップ像」を描くのではなく、「問題のあるトップの批判」へと論が展開し、怪しくなってくるのだ。

「よいトップになるためには、何ができて、何ができないのか、自分一人が出来る限界を掌握すべきだ。だが中にはこんなトップもいる。自分が一番偉いとのぼせあがり、持ち場を自分の『領地』としてやりたい放題やってのけ、公私混同し、他人が何と言おうが自分のやり方を押し通すもの。自分の言葉こそ政策だと傲慢で独りよがりになり、持ち場を針も水も通さぬ独立王国にしてしまうもの。このように**トップが唯我独尊の権力を独り占めにするのはとても危険であり、往々にして天寿を全うできない。（中略）トップの中には、大権を人の手にゆだね、自分の地位が目立たなくなることを恐れ、権力も財力もモノもヒトも何でも、事の大小にかかわらず全て自分の手で握ろうとする者がいるが、結果的にどれもうまく握れないのだ**」（太字筆者）

ここでトップと訳した「一把手」という中国語は、最高責任者のことを意味する言葉でもある。このため人民日報にこの記事が掲載されると、中国のミニチャットにはたちまち「一把手とは習包子（習主席に対する隠語）のことではないか」、「記事を書いた記者はただちに外国に逃げろ！」、「人民日報がまともな記事を載せることもあるのか？」などと次々に書き込まれ、ただちに削除の憂き目にあったという。

確かに、党、国家、軍の3権を始め、多くの「小組」を次々に作ってそのトップの座を独占している習近平主席は、見方によっては「唯我独尊」の権力を手にしていると言えないこともない。

この記事が、江沢民派などの既得権益者が大きな顔をして幅を利かせていた時代に掲載されたのであれば、筆者も文章の書き出しを素直に読んで、中国全国に無数に存在する指導者たちに呼びかけたものだと疑わなかっただろう。だが、習近平主席が反腐敗キャンペーンを3年間徹底的推進してきた結果、スネに傷がある「指導者」の大半は、目立たないよう身をひそめているのが実情だ。むしろ役人たちが何も仕事をしない「不作為」が大きな社会問題になっているこのご時世に、いまなお「唯我独尊」の権力を手にして有頂天になっている地方幹部や末端幹部が、あえて記事で警告しなくてはならないほど大勢いるのだろうか。むしろ、中国のネットユーザー（網民）たちが素早く反応したように、習近平主席の権力独占に対する当てこすりの記事ではないかと疑わざるを得ないのだ。

2016年2月、習近平主席が中国共産党の機関紙人民日報に対しては、「党の代弁をせよ」と命じたはずではあったが、記事を詳細に拾ってゆくと本書でご紹介したように、中国共産党内で起きている水面下の確執をにおわせるような記事が目につくようになってきた。

それは、最高指導部内部で壮絶な権力闘争が今後さらに盛り上がることをも予感させるものだ。

2016年7月1日、習近平国家主席は北京の人民大会堂で、中国共産党創建95周年を祝う式典を開催し、1時間20分にも上る長大な演説を行った。この中で習主席は中国共産党にとって「直面する最大の脅威は汚職腐敗だ」と位置付け、「腐敗があれば必ず罰する。腐敗分子は党内のどこにも隠れさせておかない」と強調した。これは反腐敗キャンペーンをさらに拡大強化する姿勢を示すことで、習近平主席に対する国民の支持を取り付ける一方、習主席の権力独占を批判する党内の勢力や長老たちを強く牽制する意図があるのではないかと見られた。抵抗の声を上げている人たちが、いかに清廉潔白であっても、家族や肉親などを洗いざらい探られたら、汚点を見出されるおそれも皆無ではなかろう。反腐敗キャンペーンを口実に「粛清」されたらたまらないと、抵抗の声をトーンダウンさせる狙いもありそうだ。ただ、習近平主席として、パナマ文書で自身の肉親のタックスヘイブンへの関与が伝えられた事実を隠し続け、国内メディアの口を封じている一方で、声高に反腐敗運動の強化を叫んでも、むなしく聞こえるのではないだろうか。

２０１６年８月初旬、渤海湾に面した北戴河に最高指導部や長老政治家が集まり今後の党の路線や人事を話し合う秘密会議では、かつてない激論が交わされることになるだろう。そしてその結論が２０１６年秋の中国共産党中央委員会第６回総会（６中全会）にかけられ、２０１７年秋の19回党大会で次の体制が決まる。

２０１６年中国は、例年になく暑い夏を迎えることになる。

おわりに

最後に蛇足ながら私の対中国観を書き記すことにする。私は、３回の北京駐在も含め過去30年間、取材で中国と向き合ってきた。しかし最後に本音を記せば、やはり中国はとてつもなく大きく、懐が深い。その中国を完璧に理解することなぞ、土台無理な事だとも実感している。

私達は中国を見る場合、とかく日本と同等の相手として比較しながら考えがちだ。しかし中国は、言うまでもなく人口が10倍もある大国であり、絶対数で見るか、一人あたりで見るかによって見え方が大きく変わり、数字のマジックに陥ってしまう。

例えば、２００８年に北京五輪を開催した中国は、国を挙げて選手を養成し金メダルを51枚とった。これに対して日本は９枚にとどまった。その差は42枚にもなるが、ではどちらがより頑張ったと言えるだろうか。

単純に比較すれば中国が圧倒的に頑張ったという印象を受ける。だが、中国には日本のおよそ10倍の人がいる。もし日本人が今の10倍いたら金メダルを90枚得られたかもしれない。逆に中国の人口が日本と同じ、今の10分の１しかいなかったら金メダルは５枚程度にとどまったかもしれないのだ。一人あたりで比べると、圧倒的に日本の方が頑張ったという見え方もしてくる。

地球の温暖化につながる温室効果ガスの排出量についても同じことが言える。中国は世界最大の二酸化炭素排出国だが、人口一人あたりの排出量で比較すれば、まだ日本よりもずっと少ない。同じ一つの国同士で比較して、中国が大量に排出することを非難しても、逆に、「人口が10倍以上いるのだから日本の10倍以上排出しない限り、日本から非難されるいわれはない」と逆襲されたら返す言葉が難しい。

考えてみれば、地球の全人口の5人に1人が中国人なのだ。そのような大国と我々は地理的に一衣帯水の関係にあり、いやでも隣国同士の付き合いを続けて行かなければならない宿命を背負っていることを常に心得ておかなければならない。

中国を観察する上で厄介なことは、中国が多面的な顔を持つということだ。中国は核保有国であり、国連安全保障理事会の常任理事国だ。最近では、超大国米国を相手に、新型大国関係の構築を盛んに呼びかけている。また経済面ではGDPで比較すると世界第2位の経済大国の地位にあり、既に日本の3倍近くの経済規模に達している。外貨準備高も世界一だ。このように華やかな面がある一方で、一人あたりのGDPはまだ1万ドルにも届かず、途上国の域を脱していない。それを踏まえて、途上国の代表としてリーダーシップを発揮しようという意欲も見て取れる。

ある時は米国と肩を並べる強国の顔を見せ、またある時には途上国として先進国の支援を期待する顔も見せる。強硬な一面もあれば、大人《たいじん》としてどっしり構えている一面もある。

そうした多面体のような国を見極めるためには、好き嫌いの感情を抜きにして、日本よりも進んでいる面とそうではない面の両面があることを、我々は冷静に見極めることではないかと考えている。

今回、そのような視点から揺れ動く中国の実像を伝えたいとこの書を著すことにした。出版にあたっては、ジャーナリストの小川利靖氏、日本国際協力センターのアドバイザー　佐藤洋一先生や、展望社の唐澤明義社長から暖かいご指導とご支持を賜った。ここに厚く御礼申し上げたい。

著者

加藤　青延（かとう　はるのぶ）

1954年東京生まれ。東京都立青山高校、東京外国語大学を卒業後、1978年NHK入局。香港支局長、北京支局長、中国総局長を歴任し、2006年からNHK解説委員。

主な著書：「中国仰天　没ネタ&㊙ネタ」（日本僑報社）

覇王《はおう》 習近平《しゅうきんぺい》
メディア支配・個人崇拝の命運

二〇一六年七月二七日　初版第一刷発行

著　者――加藤青延
発行者――唐澤明義
発行所――株式会社　展望社

郵便番号一一二―〇〇〇二
東京都文京区小石川三―一―七　エコービル二〇二
電　話――〇三―三八一四―一九九七
FAX――〇三―三八一四―三〇六三
振　替――〇〇一八〇―三―三九六二四八
展望社ホームページ http://tembo-books.jp/
印刷・製本――㈱ティーケー出版印刷

定価はカバーに表示してあります。
落丁本・乱丁本はお取り替えいたします。

ISBN978-4-88546-317-4